# Inhalt

Einleitung ..... 5
1. Was sind *False Friends*? ..... 5
2. Auswahl der Einträge im Wörterbuch und Sprachvarietäten ..... 8
3. Zeichen und Abkürzungen ..... 9
4. Anordnung und Darstellung der *False Friends* deutsch-englisch ..... 10

**False Friends** A–Z ..... 13

Register der englischen Stichwörter ..... 186

# Einleitung

## 1. Was sind *False Friends*?

Als *false friends* im engeren Sinne werden Wortpaare aus zwei verschiedenen Sprachen verstanden, die bei gleicher bzw. ähnlicher phonologisch-orthographischer Form (völlig) verschiedene oder nur teilweise gleiche Bedeutungen haben wie beispielsweise dt. *genial* vs. engl. *genial* (›freundlich‹), dt. *ordinär* vs. engl. *ordinary* (›normal‹, ›üblich‹), dt. *isolieren* vs. engl. *isolate* oder *insulate* und dt., frz., ital., span. *transpirieren*, *transpirer*, *traspirare*, *transpirar* vs. engl. *transpire* statt *perspire.* Dabei können die Wortpaare etymologisch verwandt sein, d.h. auf dieselbe Ausgangsform zurückgehen. Das deutsche, französische, spanische und italienische Wort *sensibel/sensible/sensible/sensibile* hat seinen Ursprung in lat. *sensibilis.* Im Englischen muss das Wort mit *sensitive* übersetzt werden, da engl. *sensible* im Deutschen ›vernünftig‹ bedeutet.

Im weiteren Sinne handelt es sich um Wortpaare, die orthographisch und phonetisch-phonologisch ähnlich, aber nicht identisch sind, deren Bedeutung aber gleich ist wie z.B. *Adresse* (engl. *address*), *Appartement* (engl. *apartment*), *Horizont* (engl. *horizon*), *Kakao* (engl. *cocoa*), *Kathedrale* (engl. *cathedral*), *Komitee* (engl. *committee*), *Melancholie* (engl. *melancholy*) und *Metall* (engl. *metal*).

Im weitesten Sinne können als *false friends* auch lexikalisch-grammatische Strukturen bezeichnet werden, wie sie in bestimmten, in den verschiedenen Sprachen abweichenden Wortverbindungen (Kollokationen) auftauchen. Beispiele sind dt. *überzeugter Junggeselle* vs. engl. *confirmed bachelor* oder dt. *starker Motor* vs. engl. *powerful engine.* Typische grammatische Paare sind u.a. Konstruktionen wie die unterschiedliche Verwendung von Präpositionen, des Artikels, der Adverb- bzw. Adjektivformen oder auch des

Infinitivs wie dt. *es bleibt abzuwarten* vs. engl. *it remains to be seen*. Zusammenfassend lässt sich sagen, dass die Fehler, die aufgrund von Falschen Freunden entstehen, orthographischer, phonetisch-phonologischer, lexikalisch-semantischer sowie grammatischer Natur sind und dass diese einen hohen Anteil an der Gesamtfehlerzahl von Lernenden ausmachen.

In diesem Wörterbuch steht die Bedeutung der Wörter im Mittelpunkt, die als Falsche Freunde zu Missverständnissen führen können. Was die Bedeutungsebene betrifft, so sind vor allem fünf Fälle von Schwierigkeiten zu nennen.

- Zum einen handelt es sich um Wörter, die durch ihre Form eine verwandte Herkunft nur vorspiegeln (*false cognates*), die aber in der jeweiligen Sprache völlig unterschiedliche Bedeutungen haben. Beispiele sind dt. *Fee* vs. engl. *fee* (›Gebühr‹), dt. *Glut* vs. engl. *glut* (›Schwemme‹), dt. *kalt* vs. ital. *caldo* (›warm‹), engl. *crane* vs. frz. *crâne* (›Schädel‹) und engl. *door* vs. port. *dor* (›Schmerz‹).
- Zum anderen sind es Wörter, die durch ihre Herkunft verwandt sind (*cognates*), die aber in den verschiedenen Sprachen unterschiedliche Bedeutungen angenommen haben. Beispiele sind *Allee* (*avenue*) vs. *alley*, *dezent* (*discreet*) vs. *decent*, *mondän* (*chic*, *elegant*, *fashionable*) vs. *mundane, selbstbewusst* (*self-confident*, *self-assured*) vs. *self-conscious, seriös* (*reputable*) vs. *serious* und *Dom* (*cathedral*) vs. *dome*.

  Einen Sonderfall stellen sog. *confusibles* bzw. *terrible twins* dar. Hier handelt es sich um Kognaten, die minimal verschiedene morphologische Formen haben, die dann zu unterschiedlichen Bedeutungen führen. Diese *confusibles* beziehen sich auf intralinguale Phänomene, die nicht nur *non-natives*, sondern teilweise auch *natives* Schwierigkeiten bereiten. Beispiele sind *classic/classical*, *ceremonial/ceremonious*, *definitely/definitively*, *historic/historical* und *magic/magical*.

- Zu den Falschen Freunden können aber auch Wörter gehören, die in einer Sprache mehrere Bedeutungen haben und die in ihrer Bedeutung aber nur teilweise überlappen. Das heißt, ein polysemes Wort in der einen Sprache wird in der anderen Sprache durch verschiedene Wörter ausgedrückt. Beispiele sind dt. *isolieren* vs. engl. *insulate* und *isolate,* dt. *Salat* vs. engl. *salad* und *lettuce*, dt. *Schatten* vs. engl. *shade* und *shadow*, dt. *Bank* vs. engl. *bench* und *bank* sowie dt. *Moral* vs. engl. *moral* und *morale*. Diese Wörter werden im Wörterbuch als »Partielle Falsche Freunde« (PFF) gekennzeichnet.
- Die Möglichkeit der Verwechslung betrifft aber nicht nur Einzelwörter, sondern auch typische Wortverbindungen (Kollokationen), bei denen jeweils von der Form her verschiedene, in der Regel aber semantisch gleiche oder ähnliche Wörter verwendet werden: dt. *tödlich/Tod-* kollokiert mit den Wörtern *Unfall*, *Sünde*, *Wunde*, während im Englischen *fatal*, *deadly* und *mortal* verwendet werden. Dt. *dick* kollokiert beispielsweise mit *Lob*, *Freunde*, *Personen* und *Buch*, im Englischen dagegen nur mit *Buch* (*a thick book*), aber man sagt *high praise*, *close friends*, *fat/obese people. A thick person* ist *eine dumme Person.* Ein weiteres Beispiel ist das Wort *stark*, das im Englischen u.a. mit *intense* (*pain*), *severe* (*frost*), *heavy* (*rain*, *traffic*, *smoker*, *drinker*, *pressure*), *bad* (*cold*), *great/big/ high* (*demand*), *strong* (*dislike*, *team*, *medicament*) übersetzt wird.
- Schließlich zählen zu den Falschen Freunden auch sog. pseudo-englische Wörter (Pseudo-Anglizismen), d.h. Wörter, die der Form und Herkunft nach englisch sind, die aber im Englischen in dieser Form nicht existieren oder andere Bedeutungen haben. Beispiele sind dt. *Twens* vs. engl. *in his or her twenties*, dt. *Slippers* vs. engl. *slip-ons / slip-on shoes*, dt. *Oldtimer* vs. engl. *vintage car / veteran car*, dt. *last not least* vs. engl. *last but not least* und dt. *Beamer* vs. engl. *light projector / light pro / LCD projector.*

## 2. Auswahl der Einträge im Wörterbuch und Sprachvarietäten

Für das **Short Dictionary of False Friends** steht die Bedeutungsebene im Vordergrund. Bei Wörtern mit mehreren Bedeutungen (polyseme Wörter) werden die am häufigsten vorkommenden erfasst. Als Grundlage bieten sich Wörterbücher an, die einen Umfang von ca. 100 000 Wörtern haben (Taschenwörterbücher). Auf Kollokationen kann im Rahmen dieses Buches nur sporadisch eingegangen werden. Wichtig für die Auswahl der Wörter ist selbstverständlich die Häufigkeit des Gebrauchs. Aufgrund lexikalischer Untersuchungen kann nachgewiesen werden, dass 7500 Wörter ca. 90 % der meisten Texte, die gelesen werden, abdecken. Daher bilden diese 7500 am häufigsten vorkommenden Wörter in der Regel die Begründung für die Aufnahme in das Wörterbuch.

Standardenglisch ist die Grundlage für die Einträge im vorliegenden Wörterbuch. Von den beiden wichtigsten nationalen Varietäten des Englischen dient hier das britische Englisch (BE) als Norm für die Orthographie, die Wahl der englischen Stichwörter und die Beispielsätze. Wichtige Abweichungen des amerikanischen Englisch (AE) werden jedoch weitgehend berücksichtigt. Ebenfalls werden ausschließlich oder typisch britisch-englische Wörter und Wendungen als solche in der Regel gekennzeichnet.

Die englischen Wörter werden soweit erforderlich hinsichtlich ihrer stilistischen, fachlichen oder fachsprachlichen Besonderheiten markiert. Für die Beispiele wird sowohl der formelle als auch der informelle Stil verwendet.

## 3. Zeichen und Abkürzungen

| | |
|---|---|
| AE | Amerikanisches Englisch |
| BE | Britisches Englisch |
| BOT. | Botanik |
| COMP. | Computer |
| ELEKTROT. | Elektrotechnik |
| fachspr. | fachsprachlich |
| fig. | figurativ, im übertragenen Sinn |
| FOTOGR. | Fotografie |
| geh. | gehoben |
| GEOGR. | Geografie |
| GEOL. | Geologie |
| hum. | humoristisch |
| jdm. | jemandem |
| jdn. | jemanden |
| LITERATURW. | Literaturwissenschaft |
| MATH. | Mathematik |
| MED. | Medizin |
| MILIT. | Militär |
| NATURW. | Naturwissenschaft |
| neg. | negativ, abwertend |
| PFF | Partieller Falscher Freund |
| PHILOS. | Philosophie |
| RECHTSSPR. | Rechtssprache |
| REL. | Religion(swissenschaft) |
| S.O. | someone |
| s.th. | something |
| SPRACHW. | Sprachwissenschaft |
| tabu | obszön, vulgär oder politisch inkorrekt |
| TECHN. | Technik |
| ugs. | umgangssprachlich |
| vs. | versus (gegenüber) |
| WIRTSCH. | Wirtschaft |
| ZOOL. | Zoologie |
| Zus. | Zusammensetzungen |

| | |
|---|---|
| ~ | Tilde (Platzhalter) ersetzt Wort oder Teilwort, z. B. **Fest** (Dorf~, Schul~). |
| * | Asterisk steht für linguistisch inkorrekte Form bzw. nicht existierendes Wort, z. B. ****autogramme*** (engl. ***autograph***). |
| Ø | markiert eine lexikalisch nicht existierende Form bzw. Lücke in der Zielsprache |

## 4. Anordnung und Darstellung der *False Friends* deutsch-englisch

Die alphabetische Liste geht von dem deutschen Wort aus, da dieses ja ursächlich für den Fehler verantwortlich ist. Dieses steht links, darunter steht der entsprechende englische *False Friend*. Rechts findet sich die korrekte englische und deutsche Übersetzung der Wörter, dazu wird jeweils ein englischer Beispielsatz gebildet. Da einige Wörter mehrere Bedeutungen haben, beschränkt sich dieses Wörterbuch aus Platzgründen bei den Beispielsätzen in der Regel auf die ersten beiden und häufigsten Bedeutungsverwendungen. Weitere wichtige Bedeutungen werden teilweise aufgeführt, allerdings ohne Anwendungsbeispiele.

Um das Auffinden der englischen Äquivalente, die ja nicht immer der Alphabetordnung der deutschen Stichwörter folgen, zu erleichtern, ist am Schluss ein alphabetisches Register der englischen Stichwörter angefügt.

Für kritische Anmerkungen sowie konstruktive Vorschläge hinsichtlich der Sprachvariation danken wir Herrn Dr. Ernst-August Müller.

# False Friends A–Z

# A

| | |
|---|---|
| **abhängen** | 1. ***depend on*** *Success in this exam depends on how well you prepare.*<br>2. ***shake off*** (Konkurrent/in, Verfolger/in) *The thief ran so quickly that he managed to shake off the police.* |
| ***hang up*** | 1. **aufhängen** *She hung the sheets up on the washing line.*<br>2. **auflegen** (Telefon) *She said good-bye and hung up.* |
| **Achse** | 1. ***axle*** (TECHN.) *We broke the axle of the car driving over very rough ground.*<br>2. ***axis*** (POLITIK, GEOGR., MATH.) *The two countries formed an axis just before the outbreak of war.* |
| ***axis*** PFF | s. oben |
| **Achsel** | ***armpit*** *His armpits were very sweaty.* |
| ***axle*** | **Achse** (TECHN.), s. oben |
| **Acker** | ***field, farmland*** (Ackerland), ***soil*** (Boden) *These fields are suitable for growing wheat.* |
| ***acre*** | **Acre** (4047 qm) *She owns 400 acres of farmland.* |
| **adrett** | ***smart, neat, trim*** *You look very smart in that suit.* |
| ***adroit*** | **geschickt, gewandt** *He is very adroit in his dealings with the press.* |
| **Advokat/in** | ***lawyer*** *As soon as the police arrested him, he asked for his lawyer.* |
| ***advocate*** | **Verfechter/in, Befürworter/in** *She is a great advocate of freedom of speech.* |

| | |
|---|---|
| **älter** | 1. ***older*** *She is three years older than her friend.*<br>2. ***elder*** (Familienmitglied) *My elder brother became a doctor.* |
| ***elder*** PFF | s. oben |

| | |
|---|---|
| **ängstlich** | 1. ***timid*** (schüchtern), ***nervous*** (furchtsam) *He was a very timid child.*<br>2. ***anxious*** (besorgt, beunruhigt) *They were anxious about the safety of the old car.* |
| ***anxious*** PFF | 1. **bestrebt, bedacht** *He was anxious to get to his appointment in time.*<br>2. s. oben |

| | |
|---|---|
| **Ära** | ***era*** *The treaty marks the start of a new era in Sino-American relations.* |
| ***area*** | **Gebiet, Gegend** *Paul grew up in a beautiful area of Bavaria.* |

| | |
|---|---|
| **Affe** | 1. ***monkey*** (allg.) *There are several varieties of monkeys in the zoo.*<br>2. ***ape*** (Menschenaffe) *An example of an ape is a chimpanzee or an orang-utan.* |
| ***ape*** PFF | s. oben |

| | |
|---|---|
| **Akademiker/in** | 1. ***graduate*** (Hochschulabsolvent/in) *She is a science graduate and is now starting her first job.*<br>2. ***academic*** (Universitätslehrer/in) *Academics spend all their lives working at universities.*<br>auch: ***scholar*** (Gelehrte/r) |
| ***academic*** PFF | 1. **akademisch** *You need academic qualifications for this job.*<br>2. s. oben |

| | |
|---|---|
| **Akkord** | 1. ***chord*** (MUSIK) *James practised playing chords on the piano.*<br>2. ***piecework*** (WIRTSCH.) *The workers in this factory are paid on a piecework basis.* |
| ***accord*** | **Übereinstimmung** *This new law is in accord with earlier legislation.* |
| **Akt** | ***nude*** (FOTOGR., KUNST) *The young artist was renowned for her portraits and nudes.* |
| ***act*** | 1. **Tat** *The murder was an act of terrorism.*<br>2. **Gesetz** *The new act should reduce unemployment.*<br>auch: **Akt** (Theater, Zirkus) |
| **aktualisieren** | ***update*** *We have to update our files to include the latest information.* |
| ***actualize*** | **verwirklichen** *He will need a lot of time and money to actualize this plan.* |
| **aktuell** | 1. ***current*** (augenblicklich) *I have been following current events in China.*<br>2. ***present(-day)*** (gegenwärtig) *The present situation is very worrying.*<br>3. ***topical*** (gegenwartsbezogen) *A new TV series dealing with topical issues has just started.*<br>4. ***latest, most recent*** (neueste/r/s) *They showed the latest fashions from Paris.*<br>5. ***up-to-date*** (modern, neu) *Could you give me some up-to-date figures?* |
| ***actual*** | **eigentlich, tatsächlich** *The actual cost was lower than we expected.* |
| **alarmieren** | 1. ***alert*** (warnen) *The population was alerted to the danger.*<br>2. ***alarm*** (beunruhigen) *Visitors to the building were alarmed by the smell of smoke.* |
| ***alarm*** PFF | s. oben |

---

**Alkoholika** ***alcoholic drinks*** *Alcoholic drinks will not be served at the reception.*

***alcoholics*** **Alkoholiker/innen** *Many alcoholics only realize they have a problem at a very late stage in their illness.*

---

**Allee** ***avenue*** *The avenue was wide and lined with tall trees.*

***alley*** **Gasse** *The old part of the town had many narrow twisting alleys.*

---

**also** ***so, therefore*** *He lost all his money, so he had to sell his house.*

***also*** **auch, ebenfalls** *He's a writer and he also paints.*

---

**Ambulanz** 1. ***outpatient department*** (im Krankenhaus) *Her injuries were slight, so I drove her to the outpatient department.*
2. **ambulance** (Fahrzeug) *That looks bad. We'll have to phone for an ambulance.*

***ambulance*** PFF s. oben

---

**Ampel** ***traffic light(s), stoplight(s)*** (AE) *He slowed down at the traffic lights.*

***ample*** **geräumig, weit(läufig), reichlich** (auch fig.) *We'll have ample time for questions later.*

---

**amüsieren** 1. ***enjoy*** (sich bei etwas ~, Vergnügen finden, genießen) *We really enjoyed the party.*
2. ***amuse*** (belustigen, lustig finden) *I'm always amused by his jokes.*
auch: ***entertain*** (gut unterhalten/ beschäftigen)

***amuse*** PFF s. oben

---

**Angel** ***fishing rod*** *She found his fishing rod in the attic along with his football.*

***angel*** **Engel** *There were old paintings of angels on the church ceiling.*

***angle*** 1. **Winkel** *The angle between the two walls was about 75°.*
2. **Aspekt, Standpunkt** *We haven't looked at the problem from this angle.*

---

**annoncieren** ***advertise*** *They have advertised books for sale in the newspaper.*

***announce*** **ankündigen** *They announced their marriage in the paper.*

---

**Antike** ***antiquity*** *These monuments were erected in antiquity.*

***antique*** 1. **antik** *She had some lovely antique jewellery.*
2. **Antiquität** *The shop was full of antiques – for example this oak chest.*

---

**Appell** 1. ***roll call*** (MILIT.) *The recruits lined up for roll call.*
2. ***appeal*** *Charities have made an appeal for more money to deal with the famine.*

***appeal*** PFF 1. s. oben
2. **Revision** (RECHTSSPR.) *All prisoners can lodge an appeal against their sentence.*

---

**Arbeitszimmer** ***study*** *He has a large number of books in his study.*

***workroom*** **Arbeitsraum** *His shop is next to his workroom where he makes his own furniture.*

---

**Argument** ***argument*** *There are many arguments in favour of his plan.*

***argument*** PFF 1. s. oben
2. **Streit, Wortwechsel** *I heard loud, angry voices and realized they were having an argument.*

| | |
|---|---|
| **arrangieren** | 1. ***arrange*** *We have to arrange a meeting.*<br>2. ***come to terms / an arrangement with*** (sich ~) *Has he come to terms with his divorce yet?* |
| ***arrange*** PFF | 1. **anordnen** *He arranged the books in alphabetical order.*<br>2. **festlegen** *We have arranged to arrive at ten o'clock.*<br>3. s. oben |
| **Arrest** | ***detention*** (auch Schule), ***confinement*** *The teacher kept the girls in detention after school.* |
| ***arrest*** | **Verhaftung** *The police hope to make an arrest soon.* |
| **Art** | 1. ***kind*** (Sorte) *He reads all kinds of books.*<br>2. ***way*** (~ und Weise) *What's the easiest way to learn a foreign language?*<br>3. ***nature*** (Natur) *It's not his nature to behave like that.* |
| ***art*** | **Kunst** *She's studying the history of art.* |
| **Artist/in** | ***acrobat, artiste*** *She's an acrobat in a famous circus.* |
| ***artist*** | **Künstler/in** *He was a famous artist and painted many beautiful landscapes.* |
| **ausfallen** | 1. ***not to take place, be cancelled*** (nicht stattfinden) *My daughter was pleased because her maths lesson was cancelled.*<br>2. ***fail, break down*** (nicht funktionieren) *The flight was cancelled because an engine had failed.* |
| ***fall out*** | 1. **herausfallen** *He fell out of the window.*<br>2. **sich zerstreiten** *They are not speaking to each other any more. They fell out over money.* |

**ausländisch** ***foreign*** *She loves visiting foreign countries on holiday.*

***outlandish*** **sonderbar, ausgefallen, befremdlich** *He wears some very outlandish clothes.*

---

**ausmachen** 1. ***put out*** (Feuer), ***turn off*** (Licht, Radio usw.) *Can you turn the TV off before you leave?*

2. ***arrange*** (verabreden) *Now we just have to arrange a time to meet.*

auch: ***(go) to make up*** (bewirken, darstellen), ***make out*** (erkennen)

***make out*** PFF 1. **ausstellen** (Scheck) *She made out a cheque to me.*

2. **er-, aufstellen, machen** (Liste) *Make out a list of things we still have to buy.*

3. s. oben

auch: **schlau werden aus jdm., andeuten, implizieren**

---

**Autogramm** ***autograph*** *The film-star was followed by fans asking for an autograph.*

****autogramme*** Ø

# B

| | |
|---|---|
| **Bagger** | ***excavator, digger, dredge(r)*** (Trocken~) *Giant excavators are used for mining these days.* |
| ***bugger*** | **Scheißkerl** (tabu) *My boss is horrible. He's a real bugger.* |
| **Band** | 1. ***ribbon*** (Zier~) *She tied the parcel with coloured ribbon.*<br>2. ***tape*** (Klebe~, Maß~, Ton~) *People use CDs now rather than tapes.*<br>auch: ***volume*** (Buch), ***group, band*** (Musik~) |
| ***band*** PFF | 1. **Bande** *Robin Hood was the leader of a famous band of outlaws.*<br>2. **Frequenz** *You can listen to the BBC on this band.*<br>3. s. oben |
| **Bank** | 1. ***bank*** (WIRTSCH.) *We've got accounts with two banks.*<br>2. ***bench*** (Sitz~) *There were three people sitting on the park bench.* |
| ***bank*** PFF | 1. s. oben<br>2. **Böschung** *They decided to sit down on the grassy bank.*<br>3. **Ufer** *There were some pretty flowers growing on the bank of the river.* |
| **Bann** | 1. ***ban*** (Verbot) *There is now a ban on smoking in most public places.*<br>2. ***spell*** (Zauber) *He was fascinated by her, she had cast a spell over him.*<br>auch: ***excommunication, ban*** (Kirchenbann) |
| ***ban*** PFF | s. oben |

| | |
|---|---|
| **Baracke** | ***hut, shack, shed*** *The refugees were kept in huts with no water or electricity.* |
| ***barracks*** | **Kaserne** *The troops were ordered to stay in their barracks.* |
| **Basis** | 1. ***base*** (Standort, Fundament) *The aircraft returned to base after the military manoeuvres. The base of the statue was badly corroded.*<br>2. ***basis*** (Grundlage) *This hypothesis will form the basis for my presentation.* |
| ***basis*** PFF | s. oben |
| **Beamer** | ***(digital/LCD) projector*** *He used a digital projector for his presentation.* |
| ****beamer*** | Ø |
| **behalten** | 1. ***keep*** *I've got two copies of the book so you can keep that one.*<br>2. ***remember*** (sich merken) *I can never remember his name.*<br>3. auch: ***retain*** (Status, Macht, Gültigkeit, Identität) (geh.), ***be left with s.th.*** (zurück~) |
| ***behold*** | **erblicken, anschauen** (geh.) *The majestic mountains were wonderful to behold.* |
| **behindert** | ***disabled, challenged (mentally or physically), handicapped*** (tabu)<br>*A lot is being done to help people who are disabled to get round the city.* |
| ***hinder(ed)*** | **(be)hindern, abhalten** *Economic growth was hindered by strikes and industrial disputes.* |
| **bekommen** | 1. ***get, receive, obtain*** *She gets a lot of letters every day.*<br>2. ***catch*** (Zug, Bus, Krankheit) *We didn't catch the train because we were late.* |
| ***become*** | **werden** *She became very angry at my words.* |

| | |
|---|---|
| **beliebt** | ***popular, well-liked*** (Menschen) *The new candidate is very popular with voters.* |
| ***beloved*** | **(innig) geliebt** (geh. oder hum.) *He's always talking about his beloved car.* |
| **belügen** | 1. ***lie*** *As she had heard all the facts, she knew he was lying to her.*<br>2. ***deceive*** (sich selbst ~) *Ambitious people often deceive themselves about their real abilities.* |
| ***belie*** | 1. **hinwegtäuschen über** *His excellent performance on stage belied his nervousness.*<br>2. **widerlegen, nicht entsprechen, Lügen strafen** *Her cheerful smile belied her words.* |
| **Benzin** | ***petrol, gas(oline)*** (AE) *We stopped at the garage to get some petrol.* |
| ***benzine*** | **Leicht-, Reinigungsbenzin** *Benzine is unpleasant to work with because of the smell.* |
| **beraten** | 1. ***advise*** *My bank manager always advised me well.*<br>2. ***consult*** (sich ~ lassen, um Rat fragen) *We consulted a finance expert before investing our money.*<br>auch: ***discuss*** (über etwas ~) |
| ***berate*** | **(aus)schelten, heftig tadeln** (geh.) *He berated the workers for not finishing the order on time.* |
| **besetzt** | 1. ***occupied*** *Sorry, this seat is occupied.*<br>2. ***engaged*** (Telefon, Toilette) *I've dialled the number but it's engaged.* |
| ***beset*** | **heimsuchen** *The tennis-player was beset by injury during the whole of his career.* |

---

**besiegen** 1. ***defeat, beat*** *He defeated his opponent in one of the longest tennis matches in history.*
2. ***overcome*** (Angst, Gefahren, Hindernisse) *He overcame his fear of heights and climbed the tower.*

***besiege*** 1. **belagern** *Rebel forces besieged the palace.*
2. **bedrängen** *The princess was besieged by photographers.*

---

**bester Mann** ***best man*** *He's the best man for the job.*

***best man*** PFF 1. s. oben
2. **Trauzeuge des Bräutigams** *John's oldest school friend was his best man.*

---

**beten** 1. ***pray*** *He went to church and prayed for guidance.*
2. ***say grace*** (am Tisch) *He said grace and the family started to eat.*

***bet*** **wetten** *He bet $100 on the horse with the most interesting name.*

---

**betrügen** ***cheat*** *He always won at card games, but that was because he cheated.*

***betray*** **verraten** *He betrayed his country by selling secrets to a foreign power.*

---

**Beule** 1. ***bump*** (z. B. am Kopf) *She had a bump on her head as a result of the accident.*
2. ***dent*** (am Blech) *We took the car to the garage to have the dent repaired.*

***boil*** 1. **Furunkel** *He had a painful boil on his neck.*
2. **Kochen** *According to the recipe, you have to bring the liquid to the boil.*

| | |
|---|---|
| **bewahren** | 1. ***keep*** (beibehalten) *He always keeps calm in emergencies.*<br>2. ***protect*** (beschützen) *All her life he protected her from harm.* |
| ***beware*** | **sich hüten, in Acht nehmen** *They warned swimmers to beware of swimming beyond the bay because of the danger of sharks.* |
| **Biskuit** | ***sponge*** *The ingredients for a sponge cake are flour, sugar, butter and eggs.* |
| ***biscuit*** | **Keks** *She bakes a lot of biscuits at Christmas.* |
| **blamieren** | 1. ***embarrass, show up*** *He hadn't wanted to embarrass her in front of her friends.*<br>2. ***make a fool of oneself*** (sich ~) *I hope I didn't make a fool of myself by behaving in such a childish way.* |
| ***blame*** | **tadeln, verantwortlich machen** *You have to blame the managers and not the workers for production delays.* |
| **blank** | 1. ***shiny*** (glänzend) *Her shoes were nice and shiny.*<br>2. ***broke*** (pleite) *He is always broke at the end of the month.* |
| ***blank*** | **leer, unbeschrieben** *They had to leave the last page blank.* |
| **blasen** | ***blow*** *She blew onto her soup to cool it down.* |
| ***blaze*** | **lodern, leuchten, glühen, brennen** *She felt the heat and realized that the whole room was blazing.* |
| **blau** | 1. ***blue*** (Farbe) *She wore a blue and white dress.*<br>2. ***drunk, plastered, blotto*** (betrunken) *He was completely plastered after the party.* |

***blue*** 1. s. oben
2. **melancholisch** *She's been feeling a bit blue because her long holiday is over.*
3. **schlüpfrig, pornographisch** *We certainly don't want the children watching blue movies on TV.*

---

**bleich** ***pale*** *She turned pale when she heard the bad news.*

***bleak*** **öde, trostlos** *The view from the hotel window was very bleak.*

***bleach*** **bleichen, Bleichmittel** *We had to use bleach to get the sheets white.*

---

**blenden** 1. ***dazzle*** (Licht, Sonne) *I was dazzled by the reflection of the sunlight off the sea.*
2. ***deceive*** (täuschen) *He was deceived by her flattery.*

***blend*** 1. **(ver)mischen, vereinigen** *Her historical novels successfully blend fact and fiction.*
2. **verschneiden** *They usually blend several types of whisky.*
auch: **sich anpassen an**

---

**blinken** 1. ***sparkle*** (funkeln), ***flash*** (aufleuchten) *A warning light flashed on and off on the screen.*
2. ***indicate, signal*** (Auto) *He indicated to the right but turned left.*
auch: ***twinkle*** (Sterne)

***blink*** **blinzeln, zwinkern** *The strong wind made his eyes water and he blinked twice.*

---

**Blinker** ***indicator*** *The other cars hooted and she realized her indicator wasn't working.*

***blinker(s)*** 1. **Scheuklappen** (auch fig.) *Politicians*

*should remove their blinkers and see the world as it is.*
2. **Blinklichter** (AE) *The only thing that worked on the car were the blinkers.*

---

**Blitz** — 1. **lightning** *First lightning flashed in the stormy sky and then came the thunder.*
2. ***flash*** (FOTOGR.) *The flash on his camera wasn't working.*

***blitz*** — 1. **Luftangriff, Blitzkrieg** *Many children were evacuated during the blitz.*
2. **Putzaktion** *We'll have to have a blitz on this house – it's filthy.*
auch: **Werbegroßaktion, -kampagne**

---

**Block** — 1. ***block*** (Häuser~, Holz~, Stein~) *She walked round the block to find her car. He chopped up the block of wood for firewood.*
2. ***bloc*** (WIRTSCH., POLITIK) *It is difficult to identify the aims of all the power blocs in this huge empire.*
auch: ***writing pad*** (Schreib~)

***block*** PFF — 1. s. oben
2. **Haus** (mit Wohnungen) (**~ *of flats***) *We've always lived in the same block of flats.*
auch: **Bürohaus** (***office* ~**)

---

**blond** — ***blond*** *My daughter has blond hair.*

***blonde*** — **Blondine** *The film star was a beautiful blonde.*

---

**blubbern** — 1. ***bubble*** (***away***) *The liquid bubbled loudly as it was heated in the saucepan.*
2. ***mumble*** (undeutlich sprechen) *His grandfather mumbled in his sleep.*

***blubber*** — **flennen, plärren** *We were not so affected by the news, but she blubbered like a baby.*

| | |
|---|---|
| **Blume** | 1. ***flower*** *This is one of the most beautiful flowers in the garden.*<br>2. ***bouquet*** (Wein), ***froth*** (Bier) *This wine has an interesting bouquet – it smells of blackberries and honey.* |
| ***bloom*** | **Blüte, Blütezeit** *All the cherry trees are in bloom.* |
| **blutig** | 1. ***bloody, bloodstained*** (befleckt) *He was left with a bloody nose after the boxing match.*<br>2. ***rare*** (Steak) *I would like my steak rare.* |
| ***bloody*** | 1. s. oben<br>2. **verdammt, verflucht** *What awful weather. It's bloody freezing today!* |
| **Boot** | ***boat*** *He goes out sailing in his boat every weekend.* |
| ***boot*** | 1. ***Stiefel*** *She wore long, brown leather boots.*<br>2. ***Kofferraum*** (BE, AE ***trunk***) *Have you put all the cases in the boot?* |
| **borgen** | 1. ***borrow*** (ausborgen von) *I've forgotten my mobile phone. Can I borrow yours?*<br>2. ***lend*** (ausleihen an) *He never lends his car to anyone.* |
| ***borrow*** PFF | s. oben |
| **Bouillon** | ***clear soup, consommé*** *I like a consommé as a starter because it's not too filling.* |
| ***bullion*** | **Barren** (Gold, Silber) *Gold bullion is kept in Fort Knox.* |
| **Bowle** | 1. ***punch bowl*** (Gefäß) *She quickly had to refill the punch bowl.*<br>2. ***punch*** (Getränk) *He drank too much punch at the party.* |

***bowl*** 1. **Schüssel** *Mix the sugar and eggs in a bowl.*
2. **(großes) Stadion** (AE) *The concert took place in the Hollywood Bowl.*

---

**Box** 1. ***box*** (Kasten, Kiste) *When we move, we'll pack everything in cardboard boxes.*
2. ***(racing) pit*** *There was a mechanical problem, so the racing driver drove the car into the pits.*
auch: ***(loud)speaker*** (Lautsprecher)

***box*** 1. s. oben
2. **Schachtel** *He gave me a huge box of chocolates.*
auch: **Loge** (Theater, Oper)

---

**Branche** 1. ***industrial sector, trade*** (Wirtschafts~) *This industrial sector is having problems at the moment.*
2. ***line (of business)*** (Geschäfts~) *What line of business is she in?*

***branch*** 1. **Ast, Zweig** *As he climbed the tree, a branch broke and he almost fell off.*
2. **Zweigstelle, Filiale** *The bank has a branch in our high street.*

---

**brav** ***good, well-behaved*** *He's a very well-behaved child.*

***brave*** **tapfer, mutig** *It was very brave of him to rescue the child from drowning.*

---

**Brief** ***letter*** *I prefer writing letters to sending emails.*

***brief*** 1. **Mandat, Aufgabe** *The barrister's brief was to argue in favour of self-defence.*
2. **kurz** *We haven't got much time. Please keep your report brief.*
3. **informieren** *The minister has been briefed on the situation.*

---

**Brieftasche** — ***wallet*** (BE), ***billfold*** (AE) *When he opened his wallet to pay, he realized he had forgotten his credit card.*

***briefcase*** — **Aktentasche** *She put all the papers in her briefcase and left the office.*

---

**bringen** — 1. ***bring*** (her~, mit~) *Can you bring the book with you next time you come?*
2. ***take*** (hin~, mitnehmen) *John's got toothache. I think I'll take him to the dentist.*
3. ***get, fetch*** (holen) *Can you get some milk from the kitchen, please?*

***bring*** PFF — s. oben

---

**Brot** — 1. ***bread*** *I always eat bread with soup.*
2. ***loaf (of bread)*** (~laib) *Can you bring two loaves of bread from the supermarket?*

***bread*** PFF — s. oben

---

**Brust** — 1. ***breast*** *White meat such as turkey breast is healthier than red meat.*
2. ***chest*** (~kasten, ~korb) *She went to the doctor's with chest pains.*

***breast*** PFF — s. oben

---

**Büro** — ***office*** *Her office was so small that there was only room for a desk and a chair.*

***bureau*** — 1. **Möbelstück** (BE Sekretär, AE Kommode) *She kept her private post in a drawer in the bureau.*
2. **Behörde** (AE) *He works for the Federal Bureau of Investigation.*
auch: **Amt** (BE) (bes. Beratungsstelle: ***The Citizens' Advice Bureau***)

| | |
|---|---|
| **bürsten** | ***brush*** *She brushed her hair until it shone.* |
| ***burst*** | 1. **bersten, auf-, zerplatzen** *The pipes burst in the icy weather.*<br>2. **ausbrechen** (Gelächter, Tränen) *She burst out laughing when she saw his face.* |
| **Button** | ***badge, button*** *Should employees wear political buttons or badges at work?* |
| ***button*** PFF | 1. **Knopf** *He was annoyed because he had lost a button and couldn't fasten his shirt properly.*<br>2. s. oben |

## C

---

**catchen** — ***wrestle*** *There are a lot of wrestling matches on TV.*

***catch*** — 1. **(ein)fangen** (auch fig.) *He caught the ball easily with one hand.*
2. **erwischen** *She caught him reading the papers on her desk.*
auch: **sich etwas holen, zuziehen** (Krankheit)

---

**Charakteristik** — 1. ***characterization, study/sketch of character*** *His characterization of the hero in his book is excellent.*
2. ***characteristic*** (charakteristisches Merkmal) *Leadership is the main characteristic of a good boss.*

***characteristic*** PFF — 1. **charakteristisch** *Each species of bird has its own characteristic song.*
2. s. oben

---

**Charge** — 1. ***supporting actor/actress*** (Theater) *He was one of the supporting actors in that famous Broadway play.*
2. ***rank*** (MILIT.) *During the military campaign he rose to the rank of major.*

***charge*** — 1. **Gebühr, Preis** *The charge for hiring a bike is $ 10 a day.*
2. **Beschuldigung** *The charge against him was murder.*
auch: **verantwortlich für** (***in charge of***)

---

**checken** — 1. ***understand*** (kapieren) *Do you understand what that means?*
2. ***check*** (überprüfen) *We have to check that everything has been delivered.*

| | |
|---|---|
| ***check*** PFF | 1. s. oben<br>2. **hemmen, eindämmen** *Are the medical authorities doing all they can to check the spread of the disease?* |
| **Chef** | ***head, boss, superior*** *My boss is very tolerant and understanding.* |
| ***chef*** | **Küchenchef, Chefkoch** *Let's go to that Italian restaurant. They've got a new chef.* |
| **Chor** | 1. ***choir*** *As a girl she sang in the church choir.*<br>2. ***chorus*** (Opern~, Musical~, Sing- und Tanzgruppe) *He sang in the chorus before he became a solo performer.* |
| ***chore*** | 1. **Arbeiten im Haushalt** *All members of the family should help with household chores.*<br>2. **lästige Pflicht, unangenehme Aufgabe** *Answering emails every day is a real chore.* |
| **Christ/in** | ***Christian*** *He's a devout Christian and goes to church regularly.* |
| ***Christ*** | 1. **Christus** *Christ is said to have been born in Bethlehem.*<br>2. **Herrgott nochmal, verdammt** *Christ! That was a terrible thing to do.* |
| **Christentum** | ***Christianity*** *Christianity is widespread in the western world.* |
| ***Christendom*** | **Christenheit, christliche Welt** *St. Peter's Basilica is one of the largest churches in Christendom.* |
| **City** | ***town centre, town, downtown*** (AE) *Let's go into town and do some shopping.* |
| ***city*** | 1. **(Groß-)Stadt** *Most cities suffer from traffic congestion.* |

| | |
|---|---|
| | 2. **City von London** (Altstadt, Geschäftsviertel, -welt) *What's the City's reaction to the present economic situation?* |
| **Clou** | 1. ***main attraction, highlight*** *The highlight of the evening was the firework display.*<br>2. ***point*** (einer Geschichte), ***punchline*** (Witz) *The punchline was not actually very funny.* |
| ***clue*** | **Hinweis, Anhaltspunkt** *The letter provided important clues as to why she had stolen the money.* |
| **Controller** | ***controller*** (WIRTSCH.) *She has just taken up a position as controller in a large global company.* |
| ***controller*** PFF | 1. s. oben<br>2. **Intendant/in** *He is the controller of BBC 1.*<br>auch: **Fluglotse/-lotsin** (***airflight controller***) |
| **Creme** | 1. ***cream*** *She bought some expensive skin cream.*<br>2. ***crème (de la crème), cream*** (Elite) *He is part of the crème de la crème of modern authors.* |
| ***cream*** PFF | 1. **(Schlag-)Sahne** *He eats too much whipped cream with his cake.*<br>2. s. oben |

# D

| | |
|---|---|
| **Dame** | 1. ***lady*** *She's a very respectable old lady.*<br>2. ***game of draughts*** (Brettspiel) *Our children love playing draughts with us.*<br>auch: ***queen*** (Kartenspiel, Schach) |
| ***dame*** | 1. **Freifrau** *The actress was awarded the title of Dame for her achievements in the film industry.*<br>2. **Frau** (AE, veraltet) *She's a great dame!* |
| **Dampf** | 1. ***vapour*** (Flüssigkeiten) *You can see a vapour trail in the sky caused by an aeroplane.*<br>2. ***steam*** (heißer Wasser~, Kondensation) *He had filled the bath with very hot water and the bathroom was full of steam.*<br>auch: ***smoke*** (Rauch), ***fumes*** (CHEMIE) |
| ***damp*** | 1. **Feuchtigkeit** *Damp had damaged the walls of the house.*<br>2. **feucht** *The sun wasn't very hot, so the clothes on the washing-line were still damp.* |
| **Daten** | 1. ***dates*** (Zeitangabe) *Which dates are suitable – 1st, 2nd or 3rd June?*<br>2. ***data*** (Informationen, Fakten) *All the data are/is on the computer.* |
| ***dates*** PFF | s. oben |
| **Dealer** | ***(drug) pusher/dealer*** (Rauschgifthändler/in) *The police arrested the drug dealer outside the club.* |
| ***dealer*** PFF | 1. s. oben<br>2. **Händler/in** (bes. Auto, Kunst, Antiquitäten) *I bought my car from the car dealer in Broad Street.* |

3. **Geber** (beim Kartenspiel) *The dealer dealt two cards to each player.*

---

**defekt** — ***faulty, defective*** *The accident was caused by faulty car brakes.*

***defect*** — **Defekt, Fehler** *He discovered a defect in the braking-system.*

---

**definitiv** — 1. ***definite*** (klar, eindeutig, festgelegt) *He gave us a definite date for the start of the alterations to our house.*
2. ***definitive*** (entscheidend, endgültig, maßgebend) *This is the definitive book on English pronunciation.*

***definitive*** PFF — s. oben

---

**deftig** — 1. ***good, solid*** (Essen) *It's not exactly French cuisine, but the restaurant offers good, solid food.*
2. ***steep*** (Preise) *The increase in house prices has been quite steep recently.*

***deft*** — **gewandt, geschickt** *He won the tennis match due to his deft footwork on the court.*

---

**Dekorateur/in** — 1. ***window dresser*** (Schaufenster) *The window dresser did a very good job of decorating our shop window.*
2. ***interior designer/decorator*** (Innenräume) *She had obviously used an interior designer to decorate her home.*
auch: ***set designer*** (Theater)

***decorator*** PFF — 1. **Maler/in, Tapezierer/in** *We got in a firm of painters and decorators to paint our living-room.*
2. s. oben

---

**delikat** — 1. ***delicious*** (lecker) *This chocolate is absolutely delicious.*

| | |
|---|---|
| | 2. ***delicate*** (heikel) *She wanted to talk to her boss about promotion – a very delicate topic.* |
| ***delicate*** PFF | 1. **zart** (Farben, Figur, Gesundheit) *She was rather delicate and couldn't walk for long distances.*<br>2. s. oben |

---

| | |
|---|---|
| **Delikatesse** | ***delicacy*** *These oysters are a real delicacy.* |
| ***delicatessen*** | **Delikatessengeschäft** *You can buy foreign delicacies in a delicatessen.* |

---

| | |
|---|---|
| **dementiert** | ***denied, disclaimed*** *The government denied that the minister would resign over the scandal.* |
| ***demented*** | **dement** (fachspr.), **verrückt** (ugs.) *Whoever did all this damage must have been demented.* |

---

| | |
|---|---|
| **demolieren** | ***damage*** (beschädigen), ***vandalize*** (mutwillig beschädigen), ***wreck*** (zerstören) *Most of the public phones have been vandalized.* |
| ***demolish*** | **abreißen**, **niederreißen** *They have decided to demolish these old blocks of flats and build new ones.* |

---

| | |
|---|---|
| **deplatziert** | ***out of place*** *I felt out of place in my black suit and tie.* |
| ***displaced*** | 1. **vertreiben** *Many people were displaced by the fighting.*<br>2. **verdrängen** *Compact disks displaced records in the late 1980s.* |

---

| | |
|---|---|
| **desinteressiert** | ***uninterested, bored, disinterested*** *Unfortunately, many children are uninterested in foreign languages.* |
| ***disinterested*** PFF | 1. **unparteiisch, neutral** *An expert would* |

| | |
|---|---|
| | *give you an independent, disinterested opinion.*<br>2. s. oben |
| **Devise(n)** | 1. ***motto*** *"Live and let live." That's my motto.*<br>2. ***foreign currency*** *You can buy foreign currency at the bank.* |
| ***devise*** | **sich ausdenken, ersinnen** *She has devised a new logistics plan to speed up delivery of goods.* |
| ***device*** | 1. **Vorrichtung** *The company has installed a small electronic device in cars to make them harder to steal.*<br>2. **Kunstgriff, Trick** *The public enquiry was just a device to stop people asking too many questions.*<br>auch: **Sprengkörper, Vorgehensweise** |
| **devot** | ***servile*** *His servile attitude towards his boss was not liked by the other employees.* |
| ***devout*** | 1. **fromm, eifrig** *She is a devout Catholic.*<br>2. **innig, herzlich** (geh.) *It is our devout hope that peace can be achieved.* |
| **dezent** | 1. ***subtle*** (Make-up, Farbe, Parfum) *She wore very subtle make-up.*<br>2. ***discreet, tactful*** (Verhalten) *She explained the situation in her usual tactful manner.*<br>auch: ***unobtrusive, tasteful*** (Kleidung), ***quiet*** (Eleganz, Musik) |
| ***decent*** | 1. **anständig** *My maths teacher was pretty decent and was liked by all the children.*<br>2. **rechtschaffen, ehrbar** *Ordinary decent people are worried about the crime figures.*<br>auch: **annehmbar, passabel** (Essen, Preis, Angebot) |

| | |
|---|---|
| **dick** | 1. ***fat, obese, corpulent*** *Our modern sedentary life style means we are more at risk of becoming obese.*<br>2. ***thick*** (Buch, Holz, Baum, Busch, Haar, Rauch) *It's such a thick book, it'll take ages to read it.* |
| ***thick*** PFF | 1. **dumm, doof** (ugs.) *He's good-natured but a bit thick, so explain things slowly to him.*<br>2. s. oben |

| | |
|---|---|
| **Diktat** | 1. ***dictation*** *I hated English dictations at school.*<br>2. ***diktat*** (POLITIK) *The small republic refused to give in to the diktat of its imperial neighbour.* |
| ***diktat*** PFF | s. oben |
| ***dictate*** | **diktieren** *The secretary took down the information which her boss dictated to her.* |
| ***dictation*** PFF | s. oben |

| | |
|---|---|
| **Direktion** | 1. ***management*** (Leitung) (WIRTSCH.), ***direction*** (Führung) *Under his direction, the university has developed an international reputation.*<br>2. ***manager's office*** (Büro) *He waited nervously outside the manager's office for his interview.*<br>auch: ***head office*** (Hauptsitz) |
| ***direction*** PFF | 1. **Richtung** (auch fig.) *He ran off in the direction of the station.*<br>2. **Anweisung, -leitung** (Pl.) *You should read the directions before using any piece of equipment.*<br>3. s. oben |

---

**Direktor/in** 1. ***head(master, -mistress), principal*** (AE) (Schule) *The head at our school was feared and also admired.*
2. ***manager*** (Unternehmen, Abteilungen) *He was the manager of the personnel department before he resigned.*
auch: ***director*** (Behörden, Institutionen, Finanzabteilung)

***director*** PFF 1. **Filmregisseur/in** *Was Wilder the director of the film?*
2. s. oben
auch: **Dirigent/in, Chorleiter/in**

---

**diskret** ***discreet*** (unauffällig, taktvoll, unaufdringlich) *The workers in this office are very discreet – they never gossip or spread rumours.*

***discrete*** **gesondert, getrennt, eigenständig** *To explain the process, you have to break it up into discrete steps.*

---

**Diskretion** ***discretion*** (Verschwiegenheit, Takt) *Absolute discretion is required from everyone working with the new government.*

***discretion*** PFF 1. s. oben
2. **Verfügungsfreiheit, Ermessen** *Loans are given at the bank's discretion.*

---

**Dissertation** ***doctoral thesis, PhD thesis, (doctoral) dissertation*** (AE) *He finished writing his doctoral thesis in two years.*

***dissertation*** PFF 1. **wissenschaftliche, universitäre Abschlussarbeit** *He completed his studies with a dissertation on The Spanish Civil War.*
2. s. oben

**Dom** *cathedral After a tour of the city, there is a guided tour of St. Paul's Cathedral.*

***dome*** **Kuppel** *The dome of the Reichstag in Berlin has become a tourist attraction.*

---

**Doppeldecker** 1. ***biplane*** (Flugzeug) *He designed this biplane at the beginning of the 20th century.*

2. ***double-decker*** (Bus) *Except for a few tourist buses, double-deckers have disappeared from London.*

***double-decker*** PFF s. oben

---

**Dose** 1. ***box*** (oft aus Holz), ***tin*** (aus Blech), ***bowl*** (für Zucker) *She kept her old letters in a box.*

2. ***tin, can*** (Konserve) *All he had was six cans of beer in the fridge.*

auch: ***socket, power point, outlet*** (AE) (Steckdose)

***dose*** **Dosis** *The recommended dose of the medicine was three spoonfuls a day.*

---

**Double** 1. ***stand-in*** (Ersatzbesetzung allg.), ***stuntman, stuntwoman*** (Ersatzbesetzung für gefährliche Szenen) *They used a stuntman for most of the car chases.*

2. ***double, lookalike*** (Doppelgänger/in) *She was always chosen as a double for Marilyn Monroe.*

***double*** PFF 1. **Doppelte** *That hotel is really expensive. They charge you almost double.*

2. **Doppelzimmer** *A double costs $90.*

3. s. oben

auch: **Doppel** (Tennis, Tischtennis)

| | |
|---|---|
| **Drachen** | 1. ***kite*** *Children like to fly kites.*<br>2. ***dragon, battleaxe*** (weibliche Person) *She is a real dragon.*<br>auch: ***hang-glider*** (Sportgerät) |
| ***dragon*** PFF | 1. **Drache** *The little boy had painted a green dragon.*<br>2. s. oben |
| **Dress** | ***kit*** (Sportzeug) (BE), ***strip*** (Vereins~) (BE) *He plays in the school football team, so he keeps his football kit at school.* |
| ***dress*** | 1. **Kleid** *She loves wearing dresses in the summer.*<br>2. **Kleidung** (besonderer Anlass) *He had to wear evening dress for the reception.* |
| **Dressman** | ***(male) model*** *He worked as a model for Armani.* |
| ****dressman*** | Ø |
| **Droge** | ***drug*** *The police arrested a gang accused of smuggling drugs into the country.* |
| ***drug*** PFF | 1. **Medikament** *A new drug for the treatment of heart disease has been developed.*<br>2. s. oben |
| **Dusche** | ***shower*** *We have installed a new shower in the bathroom.* |
| ***douche*** | **Intimdusche** *Never use a douche if you are pregnant.* |

# E

| | |
|---|---|
| **eben** | ***even, level, flat*** (flach) *You need an even surface to work on.* |
| ***even*** PFF | 1. s. oben<br>2. **gleich-, regelmäßig** (Temperatur, Tempo usw.) *The laboratory has to be kept at an even temperature.*<br>auch: **gerade** (Zahlen), **sogar, selbst, noch** |
| **einschlafen** | ***fall asleep*** *The children fell asleep quickly after their long day at the beach.* |
| ***sleep in*** | **ausschlafen** *He's absolutely exhausted, so he's pleased he can sleep in tomorrow.* |
| **eitel** | ***vain*** *He's really very vain – always talking about his appearance and how good he is at his job.* |
| ***idle*** | 1. **ungenutzt, untätig** *The workers and machines in the factory were standing idle because of lack of raw materials.*<br>2. **faul** *People think office workers are idle because they seem to have lots of coffee breaks.* |
| **elektrisch** | 1. ***electric*** (getrieben von Elektrizität) *We use an electric kettle to heat water.*<br>2. ***electrical*** (bezogen auf Elektrizität) *He's an electrical engineer. The electrical wiring in the house needs updating.* |
| ***electric*** PFF | s. oben |
| ***electrical*** PFF | s. oben |
| **elementar** | 1. ***elementary*** (einfach, simpel) *That was a very elementary mistake.* |

2. ***elemental*** (wesentlich und wichtig, fundamental) *It is an elemental truth that all people are born equal.*

***elementary*** PFF s. oben

---

**Eltern** ***parents*** *He's at university now, but he visits his parents very regularly.*

***elders*** 1. **ältere Generation** *You should listen to the advice of your elders.*

2. **Stammes-, Kirchen-, Dorfälteste** *The village elders welcomed us into their community.*

---

**Emission** 1. ***emission*** *Globally, emissions of carbon dioxide are still increasing.*

2. ***issue (of shares)*** *There has been a new issue of shares on the Stock Exchange.*

***emission*** PFF s. oben

---

**energisch** 1. ***forceful*** (Mensch, Auftreten) *She is a manager with a forceful personality.*

2. ***firm*** (Maßnahmen, Schritte, Widerstand) *The government introduced firm measures against hooliganism.*

auch: ***strong, vigorous*** (Protest), ***energetic*** (voller Energie, tatkräftig)

***energetic*** PFF s. oben

---

**Engagement** 1. ***commitment*** (Verpflichtung, Einsatz), ***involvement*** (Beteiligung) *Her commitment to environmental protection is not in doubt.*

2. ***engagement*** (Arbeitsverpflichtungen, Pflichten, Theater~) *The prince will continue to carry out royal engagements.*

auch: **gig** (Jazz oder Pop, Auftritt von Komikern)

***engagement*** PFF 1. s. oben

| | |
|---|---|
| | 2. **Verabredung** *She has a luncheon engagement on Friday.*<br>3. **Verlöbnis, Verlobung** *John and Mary have announced their engagement in the Times.* |
| **engagiert** | ***dedicated, committed*** *He is a very committed teacher and devotes a lot of time to his students.* |
| ***engaged*** | 1. **verlobt** *I'm engaged! Look at my ring.*<br>2. **beschäftigt, in Anspruch genommen** *He's engaged in various environmental projects.*<br>auch: **besetzt** (Telefon, Toilette) |
| **Erlaubnis** | ***permission*** *She asked her boss for permission to leave the office.* |
| ***allowance*** | 1. **finanzielle Unterstützung** *My parents give me a monthly allowance of $200.*<br>2. **erlaubte Menge** *There is a baggage allowance of 20 kilos per passenger.*<br>auch: **(Steuer-)Freibetrag** (BE), **Arbeitslosengeld *(job-seekers' allowance)*, Taschengeld** (AE, BE ***pocket money***) |
| **Ersatz** | 1. ***replacement*** (Austauschen) *They sent us a replacement for the damaged china.*<br>2. ***substitute*** (Spieler/in) *They'll need a substitute goalkeeper if Stevens is still injured.*<br>auch: ***compensation*** (Entschädigung), ***ersatz*** (künstliche bzw. minderwertige Stoffe oder Überzeugungen bzw. Ideen) |
| ***ersatz*** PFF | s. oben |
| **Etikett** | ***label*** *Read the instructions on the label before washing the shirt.* |
| ***etiquette*** | **Etikette, Anstandsregeln** *It will be very important to observe the rules of etiquette at the wedding.* |

---

**evangelisch** — ***Protestant, Lutheran, Reformed*** *The neighbours raised funds for a new Protestant church.*

***evangelical*** — 1. **evangelikal, Evangelikaler/in** *The beliefs of the father, who was an evangelical Christian, were not shared by his children.*
2. **(missionarisch) eifernd** (geh.) *He was evangelical in his arguments in favour of animal rights.*

---

**eventuell** — ***possible, possibly, perhaps, maybe, I might*** *I might give you a ring later in the week.*

***eventual*** — **schließlich, letztlich** *The French were the eventual winners of the tournament.*

---

**Exemplar** — 1. ***specimen*** *Here we can see a rare specimen of this insect.*
2. ***copy*** (Buch, Zeitschrift) *He had three copies of the book on his desk.*

***exemplar*** — **Musterbeispiel, Vorbild** (geh.) *The new president is an exemplar for good, honest leadership.*

---

**Existenz** — 1. ***existence*** *There is little proof of the existence of life on other planets.*
2. ***livelihood*** (Lebensunterhalt) *She earned her livelihood as a writer.*

***existence*** PFF — s. oben

---

# F

| | |
|---|---|
| **Fabrik** | ***factory, works, plant*** *He works in a furniture factory.* |
| ***fabric*** | **Stoff, Gewebe** *She bought some striped fabric for the curtains.* |
| **fabrizieren** | ***manufacture, make, fabricate*** *Our factory makes components for the aircraft industry.* |
| ***fabricate*** PFF | 1. s. oben<br>2. **(frei) erfinden, fälschen** *His lawyer claimed that the evidence against him was completely fabricated.* |
| **fade** | ***tasteless, stale*** *The food was tasteless and overcooked.* |
| ***fade*** | **(ver)welken, verblassen, verschwinden** (auch fig.) *The light faded as evening approached.* |
| **Fähre** | ***ferry*** *The ferry crossed from the mainland to the island.* |
| ***fare*** | **Fahrpreis, -geld** *We can't afford rail travel – the fares have gone up again.* |
| **fahren** | 1. ***go*** (mit dem Zug, Bus usw.) *We went into town by bus.*<br>2. ***drive*** (Auto, Bus fahren usw.) *She drives to work every day.*<br>auch: ***ride, cycle*** (Fahrrad) |
| ***fare*** | **abschneiden, ergehen** (geh.) *The party fared very well in the last election.* |
| **Fahrt** | ***drive, ride, journey, voyage/cruise*** (Schiff) *We had a long, tiring journey home.* |

***fart*** 1. **Furz** *The coach stank of smoke, beer and farts.*
2. **langweiliger alter Knacker** *He's such an old fart.*

---

**Falle** ***trap*** (auch fig.) *She wondered if the question posed by the examiner was a trap.*

***fall*** 1. **Fall** *He was injured in the fall.*
2. **Herbst** (AE) *Fall has come early this year.*

---

**Falte** 1. ***crease*** (Bügel~, Knitter~), ***pleat*** (Rock), ***fold*** (Papier, Stoff, Boden~) *The Scottish tartan skirts with pleats, known as kilts, are famous.*
2. ***wrinkle*** (Gesicht) *He was very old and his face was covered in wrinkles.*

***fold*** s. oben

---

**familiär** 1. ***family*** (auf die Familie bezogen) *I'm afraid we can't take a holiday now for family reasons.*
2. ***informal, friendly*** (ungezwungen) *There was a friendly atmosphere in their house.*

***familiar*** 1. **vertraut, bekannt** *Her face seems familiar, but I can't remember her name.*
2. **umgangssprachlich, informell** (Sprache) *He used an easy, familiar style in his writing.*

---

**famos** ***great, fantastic, excellent, splendid*** *Her new boyfriend is a great guy.*

***famous*** **berühmt** *He's a very famous writer known throughout the world.*

---

**Fan** ***fan*** *We are great fans of the Beatles.*

***fan*** PFF 1. s. oben

| | |
|---|---|
| | 2. **Ventilator** *It was so hot that he was working in front of an electric fan.*<br>3. **Fächer** *The Spanish women sat around the table using their fans to cool themselves a little.* |
| **Fanatiker/in** | ***fanatic*** *Religious fanatics are usually dangerous people.* |
| ****fanaticer*** | Ø |
| **Fantasie** | 1. ***imagination*** (Vorstellungskraft, Einfallsreichtum) *Her books are so good because she has a vivid imagination.*<br>2. ***fantasy*** (Fantasiegebilde, Einbildung) *His memory of visiting New York is of course pure fantasy.* |
| ***fantasy*** PFF | s. oben |
| **fasten** | ***fast*** *Some people fast for religious reasons, some for health reasons.* |
| ***fasten*** | **befestigen, schließen, zumachen** *Please fasten your seat-belts before take-off.* |
| **faul** | ***lazy*** *He could have done better at school if he hadn't been so lazy.* |
| ***foul*** | 1. **widerlich, ekelhaft** *This food tastes foul, I can't eat it.*<br>2. **abscheulich, gemein** (Verhalten), **übel** (Laune) *Leave her alone. She's in a foul mood.*<br>auch: **stürmisch, schrecklich** (Wetter), **anstößig, unflätig** (Sprache) |
| **Feder** | 1. ***feather*** (Vogel~) *She prefers feather pillows.*<br>2. ***spring*** (TECHN.) *The mattress was very uncomfortable because the springs were broken.* |

| | |
|---|---|
| | auch: ***nib*** (Schreib~) |
| ***feather*** PFF | s. oben |
| **Fee** | ***fairy*** *As a child, she firmly believed in the existence of fairies.* |
| ***fee*** | **Honorar, Gebühr** *My insurance covered most of the doctor's fees.* |
| **fehlen** | 1. ***be absent*** (Schule), ***be off*** (Arbeit) *She's absent from school today.*<br>2. ***be missing*** (nicht vorhanden, verschwunden sein) *Some names are missing from the list.*<br>auch: ***a shortage of, be lacking*** (mangeln) |
| ***fail*** | 1. **misslingen, scheitern** *Despite all their efforts the negotiations failed.*<br>2. **durchfallen** (Prüfung) *I'm afraid he failed his driving test.* |
| **Fehler** | ***mistake, error, fault, blunder*** (grober Fehler) *The book was full of spelling mistakes.* |
| ***failure*** | **Scheitern, Unterlassung, Misserfolg** *His electoral campaign was a total failure.* |
| **Feier** | ***celebration, party*** *We're having a little birthday party.* |
| ***fire*** | **Feuer** *The fire which destroyed the warehouse was probably due to faulty wiring.* |
| **Feind/in** | ***enemy*** *Powerful people usually make enemies.* |
| ***fiend*** | 1. ***Teufel, Unmensch*** *The police appealed for help in catching the fiend who had committed this awful crime.*<br>2. ***Fanatiker/in*** *She always has the window open – she's a fresh-air fiend.* |

| | |
|---|---|
| **feist** | ***fat, gross, obese*** *He has gained so much weight that he looked really gross.* |
| ***feisty*** | **resolut, robust** *She was an inexperienced but feisty young woman and deserved to get the job.* |
| **Ferne** | **distance** *She stood on the beach looking out over the sea into the distance.* |
| ***fern*** | **Farn(kraut)** *The ferns growing in the forest were unusually tall.* |
| **Fest** | 1. ***party, festival*** *She loves going to parties.*<br>2. ***fête*** (Schul~, Dorf~, Wohltätigkeitsbasar) *I'm in charge of a stall at the village fête this year.* |
| ***feast*** | **Festessen** *We were given a real feast at the wedding reception.* |
| **fett** | 1. ***fat, obese*** *He's got really fat.*<br>2. ***fatty, greasy, oily*** (Speisen) *I hate fatty meat.*<br>auch: ***bold*** (Fettdruck) |
| ***fat*** PFF | s. oben |
| **Feuer** | 1. ***fire*** *The fire destroyed acres of woodland.*<br>2. ***light*** (für die Zigarette usw.) *Have you got a light, please?* |
| ***fire*** PFF | s. oben |
| **Fieber** | 1. ***(high) temperature*** *The child looked very hot and obviously had a temperature.*<br>2. ***fever*** (Krankheit, auch fig.) *What are the symptoms of yellow fever?* |
| ***fibre*** | 1. **Faser** (auch MED.) *Nylon is a synthetic fibre.*<br>2. **Ballaststoffe** *You need a lot of fibre in your daily diet.* |
| ***fever*** PFF | s. oben |

---

**firm** — ***have a sound knowledge of, be good at*** *He has a sound knowledge of mathematics.*

***firm*** — 1. **fest, hart** *A firm mattress is healthier than a soft one.*
2. **entschlossen, bestimmt** *He showed firm leadership in an emergency.*

---

**fixieren** — 1. ***be determined to / obsessed by*** (sich auf etwas/jdn. ~) *They are determined to send him to a private school.*
2. ***fix*** (anstarren) *She fixed him with an angry stare.*
auch: ***put down (in writing), focus on*** (Punkt), ***set*** (MED.)

***fix*** PFF — 1. **reparieren** *John's in the bathroom fixing the dripping tap.*
2. **befestigen** *The bookshelves should be fixed to the wall.*
3. s. oben
auch: **festsetzen, -legen** (Datum, Preis), **absprechen** (Preise), **zubereiten** (AE)

---

**flattern** — 1. ***flutter*** *The butterfly fluttered among the flowers.*
2. ***flap*** (Wäsche, Segel) *The washing on the line flapped in the wind.*
auch: ***land on*** (~ auf) (Karte, Brief)

***flatter*** — **schmeicheln** *He always flatters his colleagues by praising their work.*

---

**Fleck** — 1. ***mark*** (Schmutz), ***stain*** (Wein, Kaffee usw.) *Look! There's a dirty mark on the carpet.*
2. ***spot*** (Ort) *This is a really pretty spot for a picnic.*
auch: ***bruise*** (blauer ~)

| | |
|---|---|
| ***fleck*** | 1. **(Farb-)Tupfen, Fleck(en)** *We guessed he was painting the house because of the flecks of paint in his hair.*<br>2. **Teilchen, Körnchen** (Schmutz, Staub usw.) *After the long walk, there were flecks of mud on my new trousers.* |
| **Fleisch** | 1. ***meat*** (Nahrung) *As he's vegetarian, he never eats meat.*<br>2. ***flesh*** (am Körper, Frucht~) *Spoon the flesh out of the kiwi.* |
| ***flesh*** PFF | s. oben |
| **flicken** | ***mend, darn*** (stopfen), ***patch*** (mit Flicken) *I mended his torn clothes and darned his socks.* |
| ***flick*** | 1. **schnippen, ruckartig bewegen** *She flicked the fly off her arm.*<br>2. **an-, ausknipsen, drücken** (Schalter usw.) *He flicked the light switch on.* |
| **Fliege** | 1. ***fly*** *There were several flies buzzing round the room.*<br>2. ***bow tie*** (eine Art Krawatte) *He wore a dinner jacket and bow tie at the reception.* |
| ***fly*** PFF | s. oben |
| **Flirt** | ***flirtation*** *There was often some mild flirtation between colleagues.* |
| ***flirt*** | **Person, die gern flirtet** *He was a terrible flirt – at least until he got married.* |
| **Flocke** | 1. ***flake*** (Schnee~) *Thick flakes of snow were falling on the garden.*<br>2. ***fluff*** (Staub~) *She was horrified at all the balls of fluff under the bed.* |
| ***flock*** | 1. **Herde, Schwarm** *He glanced up as a flock of birds flew overhead.* |

| | |
|---|---|
| | 2. **Gemeinde** (REL.) *The vicar gazed kindly on his flock as he prepared to start his sermon.* |
| **Flöte** | 1. ***flute*** *He played the flute in a famous symphony orchestra.* 2. ***recorder*** (Blockflöte) *The first instrument a lot of children learn is the recorder.* auch: ***champagne flute*** (Champagner~, Sekt~) |
| ***flute*** PFF | s. oben |
| **Flur** | ***hall*** (Diele), ***corridor*** (Gang) *Your coats are hanging in the corridor.* |
| ***floor*** | 1. **Fußboden** *We've decided to put carpet down on the living-room floor.* 2. **Stockwerk** *Her office is on the second floor.* |
| **Flut** | 1. ***flood*** (Überschwemmung) *The floods were so bad that the city centre was covered in water.* 2. ***(high) tide*** (Ggs. zu Ebbe) *It's high tide so the beach will be covered with water.* |
| ***flute*** | **Flöte**, s. oben |
| **Folie** | 1. ***transparency, overhead*** (für Overheadprojektor) *The teacher livened up his lessons by using transparencies.* 2. ***(silver, aluminium/aluminum, kitchen) foil*** (Metall~) *She advised me to cook the chicken in silver foil.* auch: ***cling film*** (Klarsicht~) |
| ***foil*** PFF | s. oben |
| ***folly*** | **Torheit, Verrücktheit** *It would be sheer folly to build a house so near the river.* |

| | |
|---|---|
| **forcieren** | ***push, speed/step up, intensify*** *The government wants to speed up reforms.* |
| ***force*** | **(er)zwingen** *The police forced the kidnappers to surrender.* |
| **Format** | 1. ***size, format*** (Buch, Bild, Papier, Video, CD, Computer) *The book is pocket-sized, a very convenient format.*<br>2. ***stature, standing*** (Rang, Niveau, Qualität) *He was a politician of international stature.* |
| ***format*** PFF | 1. **Organisationsstruktur** *The examination will follow the usual format.*<br>2. s. oben |
| **formidabel** | ***magnificent, excellent*** *The new book is a magnificent example of her creativity.* |
| ***formidable*** | 1. **beeindruckend, furchterregend** *She has a formidable reputation among her colleagues.*<br>2. **schwierig** *We had the formidable task of restructuring the company to make it profitable.* |
| **Formular** | ***form*** *It took me ages to fill in/out the application form.* |
| ***formula*** | 1. **Formel** (MATH., NATURW.) *We had to learn a lot of chemical formulas at school.*<br>2. **Patent-, Erfolgsrezept** *The magazine is so successful because it always follows the same formula.* |
| **Fotograf** | ***photographer*** *The photographer arrived to take the wedding photos.* |
| ***photograph*** | **Foto** *They have a lot of family photographs on display around their house.* |

---

**Fraktion** 1. ***parliamentary party/group, congressional party/group*** (AE) *He has been elected by Conservative MPs as leader of the parliamentary party.*
2. ***faction*** (Splitter-, Sondergruppe) *The right and left-wing factions of the party always disagree.*

***fraction*** 1. **Bruch** (MATH.) *Up to now, the children have learned fractions, decimals and percentages.*
2. **Bruchteil, Stückchen** *People with these extreme political views form only a tiny fraction of the population.*

---

**Fraktur** 1. ***fracture*** *My mother has a hip fracture as a result of her fall.*
2. ***Gothic type*** (Schriftart) *This letter is written in Gothic type.*

***fracture*** PFF s. oben

---

**Freiheit** 1. ***freedom*** *We love living here. We have our privacy and the freedom to do whatever we like.*
2. ***liberty*** (PHILOS., persönliche Freiheit als politisches Ideal) *The battle cry of the French Revolution was "Liberty, Equality, Fraternity".*
auch: ***poetic licence*** (dichterische ~)

***freedom*** PFF s. oben

---

**frivol** 1. ***indecent, risqué, racy, ribald*** (unanständig, schlüpfrig) *Those jokes are a bit risqué, don't tell them in front of your children.*
2. ***frivolous*** (leichtfertig, bedenkenlos) *He had a frivolous attitude towards spending money.*

| | |
|---|---|
| ***frivolous*** PFF | 1. **albern, kindisch, belanglos** *My time is too valuable to waste on frivolous games.*<br>2. s. oben |
| **Fund** | ***discovery, find*** *There were many interesting archaeological finds in the museum.* |
| ***fund*** | **Fonds, Kapital, Geldsumme** *He paid money into a pension fund, while we bought shares in an investment fund.* |
| **furios** | ***dynamic, brilliant, rousing, thrilling, exciting*** *After a very exciting final ten minutes, the match ended 3-2 for Brazil.* |
| ***furious*** | **wütend** *We could hear that our neighbours were having a furious argument.* |
| **Fusion** | 1. ***fusion*** (NATURW.) *It might be a good idea to do more research into nuclear fusion.*<br>2. ***merger*** (WIRTSCH.) *The proposed merger between the two banks has been called off.* |
| ***fusion*** PFF | s. oben |

# G

| | |
|---|---|
| **Gaffer/in** | ***person/people gaping, gawper*** (selten) *There were a lot of people gaping at the accident.* |
| ***gaffer*** | **Boss, Vorarbeiter/in** (ugs.) *The gaffer's in the factory.* |
| **Gag** | 1. ***Joke, gag*** (Witz) *The presenter told a few gags before introducing the first performer.*<br>2. ***gimmick*** (Werbe~) *The marketing department is always thinking of new gimmicks to try to sell our products.* |
| ***gag*** PFF | 1. s. oben<br>2. **Knebel** *The kidnappers had forced a gag into his mouth to stop him shouting for help.* |
| **Gasthaus** | ***inn, pub*** *We stopped for a drink and something to eat at the pub.* |
| ***guesthouse*** | **Fremden-, Touristenpension** *We booked into a guesthouse for a few nights.* |
| **geborene** | ***née*** *She filled in the form as Mrs June Watkins née Taylor.* |
| ***born*** | **geboren** *She was born in Paris, but spent all her life in America.* |
| **geil** | 1. **cool, great** (toll) *His new car is really cool.*<br>2. **randy** (sexuell begierig) *The sight of him made her feel very randy.* |
| ***guile*** | **List, Tücke** *Using guile and charm he was able to convince the police that he was innocent.* |
| **Geist** | 1. ***mind, spirit, wit*** *She had a very creative mind which was reflected in her writing.* |

| | |
|---|---|
| | 2. ***ghost*** (Gespenst) *The legend is that the ghost of the dead woman still haunts the house.* |
| ***ghost*** PFF | s. oben |

| | |
|---|---|
| **Gemeinsinn** | ***be public-spirited*** (~ haben), ***public spirit*** *She does a lot to help others in the community. She's very public-spirited.* |
| ***common sense*** | **gesunder Menschenverstand** *Use your common sense for a change!* |

| | |
|---|---|
| **genial** | ***of genius, brilliant, ingenious*** *She came up with a brilliant solution to the problem.* |
| ***genial*** | **freundlich** *They were warm, genial hosts and made us very welcome.* |

| | |
|---|---|
| **Genie** | ***genius*** *Einstein was perhaps the world's greatest mathematical genius.* |
| ***genie*** | **Flaschengeist** *Aladdin rubbed his lamp and the genie appeared.* |

| | |
|---|---|
| **Geste** | ***gesture*** *Sending the flowers was just a gesture to show our gratitude.* |
| ***jest*** | **Spaß, Scherz** *At first I wasn't sure if her remark was made as a jest or if it was serious.* |

| | |
|---|---|
| **Gift** | ***poison*** *He used poison to kill his victims.* |
| ***gift*** | **Gabe, Geschenk** *She received a lot of gifts for her birthday.* |

| | |
|---|---|
| **Glanz** | 1. ***shine, gloss, gleam*** *This shampoo is supposed to give a wonderful shine to your hair.*<br>2. ***splendour*** (fig.) *The splendour of the ancient city had faded.* |
| ***glance*** | **kurzer, flüchtiger Blick** *A quick glance showed that all the seats were taken.* |

**Glascontainer** ***bottle bank*** *We always take our empty bottles to the bottle bank.*

***glass container*** **Behälter aus Glas** *The biologist kept his insect specimens in glass containers.*

---

**glücklich** ***happy*** *After their marriage they remained very happy together.*

***lucky*** **Glück haben, in der glücklichen Lage sein** *He was very lucky that he escaped the fire unharmed.*

---

**Glut** 1. ***heat*** (Hitze), ***glow*** (Leuchten), ***embers*** (~ von Holz, Kohle) *He stirred the embers to try and get the fire to burn again.*
2. ***passion*** (Leidenschaft) *Her eyes were burning with passion.*

***glut*** **Überangebot, Schwemme** *Apples are so cheap because there is a glut of them this year.*

---

**Golf** 1. ***gulf*** (GEOGR.) *The hurricane is heading into the Gulf of Mexico.*
2. ***golf*** (Sport) *We play golf every Sunday.*

***golf*** PFF s. oben

---

**graben** ***dig*** *She asked him to dig some holes for planting vegetables.*

***grab*** **hastig/gierig ergreifen** *The thief grabbed her bag and ran off.*

---

**Grad** 1. ***degree*** (Temperatur, akademischer ~) *The temperature was 30 degrees Celsius. He had a master's degree from Cambridge.*
2. ***rank*** *He holds the rank of major.*

***grade*** 1. **Qualitätsgrad** *The varieties of tea are priced according to grade.*

| | |
|---|---|
| | 2. **Zensur, Note** *The teacher said if you work harder you can improve your grades.* 3. **Dienstgrad, Stufe** *People in junior grades obviously earn less.* |
| **grausam** | ***cruel*** *He was very cruel to his wife and children and was finally sent to prison.* |
| ***gruesome*** | **grausig, schauerlich** *His thrillers are exciting but very gruesome.* |
| **graziös** | ***graceful*** *The ballerina's movements were graceful and fluid.* |
| ***gracious*** | **wohlwollend, gnädig, barmherzig** *She was very kind and gracious to her servants.* |
| **Grieß** | ***semolina*** *As a child, I was too often given semolina as dessert.* |
| ***grease*** | **Fett, Schmierfett, -mittel** *The café smelt unpleasantly of bacon grease.* |
| **Grippe** | ***influenza, flu*** *Have you been vaccinated against flu yet?* |
| ***grip*** | 1. **Halt, Griff** (auch fig.) *He lost his grip on the ladder and fell to the ground.* 2. **Kontrolle** *The military is keeping a firm grip on the rebels.* |
| **groß** | 1. ***big*** (groß und kräftig gebaute Person, wichtig, im Ausmaß groß, erfolgreich) *Buying a house is a big decision. She is very big in Canada.* 2. ***tall*** (hoch gewachsen) *She is very tall for her age.* 3. ***large*** (geräumig, beträchtlich, ausgedehnt) *His house was very large and therefore very difficult to heat.* 4. ***great*** (bedeutend, berühmt, großartig, toll) |

| | |
|---|---|
| | *Shakespeare is perhaps England's greatest writer. The party was great.* |
| ***great*** PFF | s. oben |
| **Grund** | 1. ***reason, grounds*** (immer Pl.) (Vernunftsgrund) *As we can afford it, there's no reason why we shouldn't go on holiday.*<br>2. ***land, property*** (Grund und Boden) *We've just bought some land and now we can have the house built.*<br>auch: ***bottom*** (Gewässer) |
| ***ground*** PFF | 1. **(Erd-)Boden** *The night had been very cold and the ground was covered in frost.*<br>2. **Sport-, Spielplatz** (in Zus.) *The children were playing in the playground.*<br>3. s. oben |
| **gründen** | 1. ***found, establish, set up*** *The bank was founded a hundred years ago in London.*<br>2. ***be based on*** (fig.) *Her decision to emigrate was based on her hopes for a new start in life.* |
| ***ground*** | 1. **gemahlen** (***grind, ground, ground***) *I prefer ground coffee to instant.*<br>2. **Startverbot erteilen** (Flugzeug) *All the planes were grounded because of the heavy snow.* |
| **gültig** | ***valid*** *Your credit card is valid for the next year.* |
| ***guilty*** | **schuldig** *The accused were found guilty and sent to prison for three years.* |
| **Gürtel** | ***belt*** *He always wears leather belts.* |
| ***girdle*** | **Hüfthalter** *Fortunately, girdles, which must be uncomfortable, are no longer so fashionable.* |

| | |
|---|---|
| **Gully** | ***drain*** *The drains in the road were all blocked with debris.* |
| ***gully*** | **enge Schlucht** *The mountain climbers were trapped at the bottom of the deep gully.* |
| **gurgeln** | ***gargle*** *Gargling with salt water may help against a throat infection.* |
| ***gurgle*** | 1. **gluckern** *The pipes in the attic gurgled all night.*<br>2. **glucksen** *Babies often gurgle.* |
| **Gurke** | 1. ***cucumber*** *We grow cucumbers in the garden.*<br>2. ***gherkin, pickle*** (AE) (Gewürz~, Essig~) *There's a jar of gherkins in the cupboard.* |
| ***gherkin*** PFF | s. oben |
| **Gut** | 1. ***property*** (Besitz), ***estate*** (Landsitz) *The police found some of the stolen property in the thief's possession.*<br>2. ***goods*** (Güter) (WIRTSCH., Pl.), ***freight*** (AE) *The goods were transported by road and rail.* |
| ***gut*** | 1. **Darm** *It may take some time for food to pass through the gut.*<br>2. **Eingeweide** (Pl.) *There were blood and guts all over the place.*<br>auch: **Mumm, Schneid** (Pl.) |
| **Gymnasium** | ***grammar school, high school*** (AE) *She went to the same grammar school as her mother.* |
| ***gym(nasium)*** | **Turn-, Sporthalle, Fitnesscenter** *He goes to the gym twice a week to work out.* |

# H

| | |
|---|---|
| **Hafen** | 1. ***harbour, port*** *The fishing boats were heading back to the harbour.*<br>2. ***haven*** (fig.) *The city is a safe haven for thieves and bandits.* |
| ***haven*** PFF | s. oben |
| **halten** | 1. ***hold*** (festhalten) *Can you hold my bag while I unlock the door?*<br>2. ***keep*** (beibehalten) *I always admired him because he never failed to keep a promise.*<br>3. ***stop, halt*** (anhalten, zum Stillstand kommen/bringen) *The train stops twice before we reach Glasgow. Rain has halted play in the tennis championship yet again.* |
| ***halt*** PFF | s. oben |
| **handeln** | 1. ***act, behave*** (sich verhalten) *The police acted correctly in trying to stop the demonstrators looting.*<br>2. ***trade*** (Handel treiben) *The company trades in jewellery and other precious items.* |
| ***handle*** | 1. **handhaben, umgehen mit** *I just hope that he can handle the new job.*<br>2. **erledigen, bearbeiten, abfertigen** *I handled all the correspondence.* |
| **Handy** | ***mobile (phone), cellular phone, cell(phone)*** (AE) *Just give me a call on my mobile.* |
| ***handy*** | 1. **nützlich, praktisch** *It's handy having a car park just round the corner.*<br>2. **geschickt, gewandt** *He's very handy with a drill, so he can put the shelves up.*<br>auch: **griffbereit aufbewahren** |

| | |
|---|---|
| **Haus** | 1. ***house*** (Einfamilien~) *We bought our house in the 80s.*<br>2. ***building, block of flats*** (Gebäude, Miets~) *Our flat is on the third floor of a ten-storey building.* |
| ***house*** PFF | s. oben |
| **Hausarbeit** | 1. ***housework*** (Arbeiten in der Wohnung / im Haus) *I don't think women actually like housework, but they do most of it.*<br>2. ***homework*** (Schule) *I think teachers give children too much homework these days.*<br>auch: ***assignment*** (Hochschule, Beruf) |
| ***housework*** PFF | s. oben |
| **Hausmann** | ***house husband*** *Becoming a house husband was quite an adjustment, but I really don't mind cooking and cleaning.* |
| ***houseman*** | **Assistenzarzt** (BE, AE ***intern***) *The practical experience he gained as a houseman was invaluable.* |
| **Hausmeister/in** | ***caretaker, janitor*** (AE) *The caretaker was very good at looking after the school grounds.* |
| ***housemaster*** | **Lehrer/in, der/die im Internat für eine Wohngemeinschaft zuständig ist** *My housemaster was quite kind, but also good at keeping discipline.* |
| **heftig** | ***violent, fierce, severe*** (Schmerzen) *We were woken last night by a violent thunderstorm.* |
| ***hefty*** | 1. **stämmig, schwer, kräftig** *He was tall and hefty.*<br>2. **gewaltig, saftig** (Preise) *There was a hefty tax increase which affected all of us.* |

| | |
|---|---|
| **Heide** | 1. ***heath(land)*** (~land) *She watched the sheep chewing their way across the heath.*<br>2. ***heather*** (~kraut) *The Scottish hills are covered in purple heather in autumn.* |
| ***hide*** | ***Fell, Haut*** *The leather for these coats is made from ox hide.* |

| | |
|---|---|
| **heimlich** | ***secret, clandestine*** *The spy always had secret meetings with his contact.* |
| ***homely*** | 1. **behaglich, heimelig** (BE) *The guesthouse was welcoming and homely.*<br>2. **nicht hübsch, unscheinbar aussehend** (AE) *She was homely and badly dressed.* |

| | |
|---|---|
| **Heimwerker/in** | ***DIY enthusiast*** *As a DIY enthusiast, he spends every weekend doing some job or other in the house.* |
| ***homeworker*** | **Heimarbeiter/in** (WIRTSCH.) *Only few homeworkers enjoy employee status.* |

| | |
|---|---|
| **Hektik** | ***rush, hectic atmosphere*** *Because of the rush to leave the house, he had forgotten his passport.* |
| ***hectic*** | ***hektisch*** *We've had a very hectic two weeks preparing the conference.* |

| | |
|---|---|
| **Helm** | ***helmet, hard hat, crash helmet*** (Sturzhelm) *It's vital for motorcyclists to wear crash helmets.* |
| ***helm*** | **Steuer, Ruder** (auch fig.) *He took the helm of the ship and guided it into the harbour. She has been at the helm of the company for 10 years.* |

| | |
|---|---|
| **herb** | 1. ***sharp*** (Geruch, Geschmack), ***dry*** (Wein), ***sour, tangy, tart*** *Rhubarb is usually tart and needs plenty of sugar.* |

| | |
|---|---|
| | 2. ***harsh, bitter*** (fig.) *His expression showed his bitter disappointment.* |
| ***herb*** | **Kraut, Heil-, Gewürzkraut** *She picked basil and other fresh herbs from the garden.* |

---

| | |
|---|---|
| **Herd** | ***stove, cooker*** (Küchen~), ***oven*** (Backofen) *She popped the cake into the oven and then cleaned the top of her cooker.* |
| ***herd*** | **Herde, Menschenmasse** *During our safari trip we saw herds of elephants and other animals.* |

---

| | |
|---|---|
| **herzlich** | ***cordial, hearty, warm, friendly*** *We were given a very cordial welcome by our hosts.* |
| ***hearty*** PFF | 1. s. oben<br>2. **herzhaft, kräftig** *We had a hearty breakfast before departing on the long journey.* |

---

| | |
|---|---|
| **hissen** | ***hoist*** *Flags had been hoisted all over the city on this day of national celebration.* |
| ***hiss*** | **zischen, fauchen** *I tried to stroke the cat, but it hissed at me and backed away.* |

---

| | |
|---|---|
| **historisch** | 1. ***historic*** (geschichtlich bedeutsam oder berühmt) *The president said that future generations would wonder at this historic meeting of former enemies.*<br>2. ***historical*** (geschichtlich belegt oder überliefert, wissenschaftshistorisch) *His novel is based on modern historical research.* |
| ***historic*** PFF | s. oben |
| ***historical*** PFF | s. oben |

---

| | |
|---|---|
| **hoch** | 1. ***high*** (Preise, Geschwindigkeit, Stimme, Rang, Stellung, Zaun, Berge usw.) *He raced off at high speed along the motorway.*<br>2. ***tall*** (Fenster, Bäume usw.) *There were many tall trees in front of our house.* |

| | |
|---|---|
| ***high*** PFF | 1. s. oben<br>2. **groß** (Hoffnungen, Lob) *She worked hard and fulfilled our very high expectations.* |

| | |
|---|---|
| **Hochschule** | ***university, college, academy*** *John has completed his studies at university and is now applying for jobs.* |
| ***high school*** | **Schule** (zwischen 11–18 in Großbritannien oder 14–17 bzw. 18 Jahren in den USA und Kanada) *I knew her when we were at high school together.* |

| | |
|---|---|
| **hohl** | ***hollow*** (auch fig.) *As children we would hide things inside a hollow tree.* |
| ***hole*** | 1. **Loch** *He took off his shoe and realized he had a hole in his sock.*<br>2. **(Tier-)Höhle** *We have a rabbit hole in our garden.* |

| | |
|---|---|
| **honorieren** | 1. ***pay*** (bezahlen, vergüten) *He was paid very little for his first novel.*<br>2. ***appreciate, acknowledge, recognize*** (anerkennen, ehren, respektieren) *His plays were never fully appreciated by audiences.* |
| ***honour*** | 1. **ehren, auszeichnen** *The professor was honoured with an award for her excellent research.*<br>2. **einhalten** (Versprechen, Vertrag) *It is to be hoped that both sides will honour their promise to stick to the ceasefire.* |

| | |
|---|---|
| **Hose** | ***trousers, pants*** (AE) *He wore dark trousers and a matching jacket for the interview.* |
| ***hose*** | **Schlauch** *He used the garden hose to water the garden.* |

| | |
|---|---|
| **Hostess** | 1. ***representative*** (offizielle Betreuerin von Touristen/Besuchern) *During her studies she worked as a representative for a travel agency.*<br>2. ***hostess*** (Nachtclub) *She earned a lot of money as a hostess in a nightclub.* |
| ***hostess*** PFF | 1. **Gastgeberin** *Our hostess invited us in and asked us to take our places at the table.*<br>2. **Moderatorin** *She is a well-known game show hostess.*<br>3. s. oben |
| **human** | ***humane*** (menschenwürdig, tiergerecht) *Many domestic animals are not kept in very humane conditions.* |
| ***human*** | **menschlich** *He has studied many diseases of the human body.* |
| **Hupe** | ***horn*** *He sounded his horn as the car in front stopped unexpectedly.* |
| ***hoop*** | **Reif(en)** *I dislike the practice in circuses of making animals jump through hoops.* |
| **husch** | ***whoosh!*** (vorbeizischen), ***shoo*** (aufscheuchend), ***come on, quick*** (antreibend) *Come on kids, bedtime!* |
| ***hush*** | **still, pst!** *Hush, now. Try to get to sleep.* |
| **hüsteln** | ***cough slightly, clear one's throat*** *She cleared her throat to indicate that the speaker wished to start.* |
| ***hustle*** | **drängen, hetzen, schieben** *The police officers hustled the young man into a car.* |
| **Hymne** | 1. ***(national) anthem*** *At the Olympic Games you can hear the national anthems of many countries.* |

2. ***hymn*** (Lobes~) *His latest book is a hymn to freedom.*

***hymn*** PFF 1. **Kirchenlied, Choral** *As she walked past the church, she recognized the hymn being sung by the congregation.*
2. s. oben

# I

| | |
|---|---|
| **Igel** | ***hedgehog*** *We have a hedgehog in the garden, and it rolls into a ball every time we approach it.* |
| ***eagle*** | **Adler** *You may see a golden eagle flying majestically along the mountain side.* |
| **Ignorant/in** | ***ignoramus, ignorant person*** *He knows a bit about the Middle Ages, but he's an ignoramus as far as modern history is concerned.* |
| ***ignorant*** | 1. **nicht wissen** (***be ~ of***) *It's surprising how many politicians are ignorant of historical facts.*<br>2. **ungebildet** *He was an ignorant and stupid person.* |
| **imponieren** | ***impress*** *The young magician impressed the audience with his tricks.* |
| ***impose*** | **auferlegen, aufdrängen** *The authorities imposed a ban on demonstrations in the city.* |
| **imprägnieren** | ***impregnate, treat*** *This cloth has been impregnated with a special detergent for cleaning showers.* |
| ***impregnate*** PFF | 1. s. oben<br>2. **schwängern, befruchten** *He impregnated a young woman on holiday and was forced to marry her.* |
| **Infusion** | ***infusion, (intravenous) drip*** *She was given an infusion of antibiotics.* |
| ***infusion*** PFF | 1. s. oben<br>2. **Zufuhr, Spritze** (fig.) *The company needs an infusion of capital and new ideas.* |

3. **Tee** (für medizinische Zwecke) *He made her a herbal infusion to ease her cough.*

---

**Instanz** 1. ***authority, body, official channels*** *My application will have to be approved by the relevant authority.*
2. ***hearing, court of appeal, court of first instance*** (RECHTSSPR.) *His case has gone to the final court of appeal.*

***instance*** PFF 1. **Fall, Beispiel** *There are many instances of discrimination against women in the workplace.*
2. s. oben

---

**integer** ***of integrity, have integrity*** *I have always regarded her as a woman of integrity.*

***integer*** **ganze Zahl** (MATH.) *In mathematics, an integer is an exact whole number such as 2, 6 or 25.*

---

**Intelligenz** ***intelligence*** *The question is whether intelligence can be measured by such tests.*

***intelligence*** PFF 1. s. oben
2. **nachrichtendienstliche Informationen, Nachrichtendienst** *He has always wanted to work in military intelligence.*

---

**intensiv** 1. ***intense*** (sehr stark, grell wie z.B. Hitze, Sonnenlicht; lebhaft, tief wie z.B. Farben, Augenfarbe; äußerst stark wie z.B. Gefühle, Schmerzen) *The intense heat at midday was almost unbearable.*
2. ***intensive*** (gründlich, eingehend, konzentriert) *Before emigrating to Spain they did an intensive language course in Spanish.*

***intensive*** PFF s. oben

| | |
|---|---|
| **irritieren** | 1. ***irritate, annoy*** (reizen, ärgern) *His habit of always being late for appointments really irritates me.*<br>2. ***confuse*** (verwirren) *I could understand his theory, but some of his examples confused me.* |
| ***irritate*** PFF | s. oben |

| | |
|---|---|
| **isolieren** | 1. ***insulate*** (ELEKTROT., TECHN., ~ gegen Hitze, Kälte) *We will certainly have to insulate the pipes against the cold.*<br>2. ***isolate*** (isoliert sein/leben/werden) *The floods have isolated the town from the rest of the country.* |
| ***isolate*** PFF | s. oben |
| ***insulate*** PFF | s. oben |

# J

| | |
|---|---|
| **Jalousie** | ***(Venetian) blind(s)*** *He had drawn the blinds to protect the paintings from the sun.* |
| *jealousy* | **Eifersucht, Neid** *Her beauty often caused her husband to feel some pangs of jealousy.* |
| **Jubiläum** | 1. ***anniversary*** (Jahrestag) *We have an anniversary celebration every year on the date when the company was founded.*<br>2. ***jubilee*** (25, 50, 60 usw. Jahre) *There was a big jubilee celebration on the 50th anniversary of the Queen's coronation.* |
| ***jubilee*** PFF | s. oben |
| **Justiz** | ***justice*** (System), ***judiciary, the law*** (Behörde) *He has written many books on the criminal justice system.* |
| ***justice*** PFF | 1. **Gerechtigkeit, Recht, Fairness** *There is no such thing as justice in this world!*<br>2. **Titel eines Richters** (BE), **Richter/in** (AE) *She has been offered a post as justice.*<br>3. s. oben |

# K

| | |
|---|---|
| **Kabel** | ***cable*** (meist dickeres ~), ***flex, cord*** (AE) (Elektro~) *They are laying new cables in our street.* |
| ***cable*** PFF | 1. s. oben<br>2. **Drahtseil** *The tragedy occurred when the cables carrying the cable car snapped.* |
| **Kalender** | 1. ***calendar*** *The very attractive calendar hung on the wall beside his desk.*<br>2. ***diary*** (Taschen~, Notiz~) *He checked his appointments in his diary, which was lying on his desk.* |
| ***calendar*** PFF | s. oben |
| **Kamerad/in** | ***comrade, companion, buddy*** (AE) *He was still in touch with some of his army comrades.* |
| ***comrade*** PFF | 1. s. oben<br>2. **Parteigenosse/-genossin** *He appealed to his party comrades to support his policies.* |
| **Kamin** | ***fireplace*** *We love to sit around the warm fireplace on winter evenings.* |
| ***chimney*** | **Schornstein** *Smoke poured out from the factory chimneys hiding the sun for a moment.* |
| **Kanal** | 1. ***canal*** (künstlich angelegt) *The Panama Canal was opened in 1914.*<br>2. ***channel*** (natürlicher Wasserweg) *The English Channel is one of the busiest sea routes in the world.* |
| ***canal*** PFF | s. oben |

| | |
|---|---|
| **Kanne** | 1. ***can*** *It took too long to water the plants because the watering can was too small.*<br>2. ***pot*** (Tee, Kaffee) *She ordered a pot of tea for two.* |
| ***can*** PFF | 1. **Dose, Büchse** *We had a can of soup for lunch.*<br>2. s. oben |
| **Karriere** | ***career*** *She had a very successful career as an opera singer.* |
| ***carrier*** | 1. **Spediteur/in** *We used an international carrier to transport our goods.*<br>2. **Keimträger/in** (MED.) *Some people are carriers of the disease without themselves being affected by it.*<br>auch: **Flugzeugträger (*aircraft* ~)** |
| **Karte** | ***card*** (Kredit~, Geburtstags~ usw.), ***map*** (Land~), **ticket** (Eintritts~, Fahrschein) *We looked at the map to work out the route, then bought a train ticket which we paid for by credit card.* |
| ***cart*** | **Karren, (Hand-)Wagen** *It's a poor country where horse-drawn carts are still commonly used for transport.* |
| **Karton** | 1. ***cardboard box*** (Behälter) *When we moved house we used dozens of cardboard boxes.*<br>2. ***cardboard*** (Pappe) *The company made a lot of money selling cardboard cut-outs of famous people.* |
| ***carton*** | **Behälter, Schachtel, Tüte** (für Essen und Trinken), **Stange (~ *of cigarettes*)** (AE) *We always buy three cartons of milk.* |
| **Kaution** | 1. ***deposit, security*** (WIRTSCH.) *The landlord wanted a month's rent as a deposit.* |

| | |
|---|---|
| | 2. ***bail*** (RECHTSSPR.) *He was released on bail, but has to appear in court next week.* |
| ***caution*** | 1. **Vorsicht** *You must exercise great caution when using this potentially dangerous equipment.*<br>2. **(Ver)Warnung** *As his crime was not so serious, the police released him with a caution.* |
| **Kekse** | ***buiscuits, cookies*** (AE) *I must stop eating biscuits in my coffee break.* |
| ***cakes*** | **Kuchen, Torten** *She baked three fantastic birthday cakes for Daniel.* |
| **keusch** | ***chaste*** *In some cultures young women are expected to remain chaste until marriage.* |
| ***coy*** | 1. **verschämt, kokett** *She gave him a coy smile from under her wide-brimmed hat.*<br>2. **zurückhaltend, verschwiegen** *He is being very coy about how much he earns.* |
| **kindlich** | **childlike** *He has a childlike way of looking at things.* |
| ***kindly*** | **freundlich, liebenswürdig, gütig** *She had the reputation of being a kindly woman.* |
| **Kippe** | 1. ***cigarette/fag end*** (ugs.), ***cigarette butt*** (AE) *The streets were littered with, among other things, cigarette ends.*<br>2. ***dump, tip*** (Müll~) *We cleared out the house and took everything to the tip.* |
| ***kip*** | **Schlaf** (BE, ugs.) *I'm so tired I need to get some kip.* |
| **Kissen** | ***cushion, pillow*** (Kopf~) *I can't sleep on this pillow, it's too soft.* |
| ***cushion*** PFF | s. oben |

| | |
|---|---|
| **Kittchen** | ***clink, stir*** (ugs.), ***prison*** *He'll have to spend six months in the clink.* |
| ***kitchen*** | **Küche** *Cooking such elaborate meals means she spends a lot of time in the kitchen.* |
| **klammern** | 1. ***clip, staple, clamp*** (TECHN.), ***peg*** (Wäsche) *He stapled the papers together.*<br>2. ***cling to*** (sich ~ an) (auch fig.) *The little boy cried and clung to his mother.* |
| ***clamour*** | **lärmen, schreien, lautstark fordern** *The children were clamouring to know when the party would start.* |
| **Klang** | ***sound, ring, tone*** (Tonqualität) *She said she liked the sound of violins.* |
| ***clang*** | **Geklirr** *The iron door closed with a loud clang.* |
| **Klappe** | 1. ***flap*** *He lifted the flap of the letter-box and pushed the letter through.*<br>2. ***big mouth*** (großes Mundwerk) *He had a big mouth and was always saying the wrong thing.*<br>auch: ***clapperboard, clapboard*** (AE) (FILM) |
| ***clap*** | 1. **Klatschen, Applaudieren** *Come on everyone, let's give Jamie and Daniel a clap.*<br>2. **leichter Schlag, Klaps** *He gave his friend a clap on the shoulder.*<br>auch: **Syphilis** (ugs.) |
| **klappen** | 1. ***work out (all right), go well*** (funktionieren, gut laufen) *I hope your job interview goes well!*<br>2. ***fold*** (falten), ***lift (up/down)*** *He lifted up the lid of the chest.* |
| ***clap*** | **klatschen, applaudieren** *The audience clapped wildly after each song.* |

| | |
|---|---|
| **Klassik** | 1. ***classical period/age*** (Epoche) *I'm very interested in the French classical period.*<br>2. ***classical antiquity*** (römische und griechische Antike) *He's a scholar of classical antiquity.* |
| ***classic*** | **Klassiker** (Buch, Film usw.) *The film "Der blaue Engel" has become a German classic.* |
| **klassisch** | 1. ***classic*** (typisch) *He was showing classic symptoms of a panic attack.*<br>2. ***classical*** (Epoche, Literatur, Musik, Kunst, Antike usw.) *He's one of our leading performers of classical music.* |
| ***classic*** PFF | s. oben |
| ***classical*** PFF | s. oben |
| **Klause** | 1. ***hermitage, retreat*** (Einsiedelei) *The monk had established his hermitage high up in the mountains.*<br>2. ***cell*** (Klosterzelle) *In the monastery the monks lived in small, dark cells.* |
| ***clause*** | 1. **Satz(teil)** *The teacher tried to explain the difference between main and subordinate clauses.*<br>2. **Klausel** (RECHTSSPR.) *The contract contained many unnecessary clauses.* |
| **Klee** | ***clover*** *A four-leaf clover is supposed to bring good luck.* |
| ***clay*** | **Ton, Lehm** *On his wheel, the potter shaped the clay into a delicate vase.* |
| **kleinlich** | ***pedantic*** (genau), ***narrow-minded*** (engstirnig), ***mean, stingy*** (geizig) *He's very pedantic when it comes to rules of grammar.* |
| ***cleanly*** | **reinlich, sauber** *The cat is by nature a cleanly animal.* |

| | |
|---|---|
| **klimatisiert** | ***air-conditioned*** *Fortunately, our hotel room was air-conditioned.* |
| ****climatized*** | Ø |
| ***acclimatized*** | **akklimatisiert, gewöhnt** *They have quickly become acclimatized to the high temperature.* |
| **klingen** | ***sound, ring*** *That sounds like a dog barking.* |
| ***cling*** | 1. **sich klammern** *The child was afraid and clung to her father.*<br>2. **sich halten an** *The government is clinging to power.*<br>auch: **kleben, haften** |
| **Klippe** | ***rock*** (Felsen), ***cliff*** (Kliff) *She was horrified to see the car roll over the cliff and crash onto the rocks below.*<br>auch: ***hurdle, obstacle*** (Hindernis) |
| ***clip*** | 1. **Klammer** (Heft~, Büro~, Fahrrad~) *She attached the photo to the application form with a paper clip.*<br>2. **Filmausschnitt** *We watched a short clip from the new James Bond film.*<br>auch: **Schnitt** (Haar, Hecke usw.) |
| **Klo(sett)** | ***toilet, lavatory, loo*** (BE, ugs.), ***bathroom*** (AE), ***john*** (AE, ugs.) *She asked the children if they needed to go to the toilet.* |
| ***closet*** | **Wandschrank** (AE) *She had a closet full of clothes which she had never worn.* |
| **Klumpen** | ***lump*** *The ground was covered with lumps of clay.* |
| ***clump*** | 1. **Gruppe von Bäumen/Büschen, Büschel** *The fox was hiding in a clump of bushes.*<br>2. **trampeln** *He clumped down the stairs in his heavy boots.* |

| | |
|---|---|
| **Knabe** | ***boy*** *"How are you, old boy?" he asked jovially.* |
| ***knave*** | 1. **Bube** (Kartenspiel) *Knave is another word for jack in a pack of cards.*<br>2. **Schurke** (veraltet) *He's quite dishonest, he's a real knave.* |
| **Knacks** | 1. ***crack*** (knackender Ton) *There was a loud crack as the branch broke off.*<br>2. ***knock, blow*** (fig.) *Unfortunately, his career has taken a few knocks recently.* |
| ***knacks*** | **Kniffe, Tricks, Talente** *She has the knack of persuading people to do what she wants.* |
| **kochen** | 1. ***boil*** (Flüssigkeiten oder in Flüssigkeiten kochen) *The potatoes are boiling.*<br>2. ***cook*** (kochen oder zubereiten von Speisen allg.) *He cooked a lovely meal.* |
| ***cook*** PFF | s. oben |
| **Koffer** | ***bag, (suit)case*** *They packed a suitcase and left for the airport.* |
| ***coffer*** | **(Schatz-)Truhe, Staatssäckel** (Pl.) *They found an ancient coffer full of coins.* |
| **Kohl** | ***cabbage*** *Cabbage is actually very good for you.* |
| ***coal*** | **Kohle** *The coal mining industry is in decline.* |
| **Kollege** | ***colleague*** *I get on well with my colleagues at work.* |
| ***college*** | **Fach-, Berufs-, Hochschule, Universität, Oberstufenkolleg** *He's going to college to do his A levels.* |
| **Kolonne** | ***column, line, convoy*** (MILIT.) *A column of troops was marching along the street.* |

**colon** — **Dickdarm** *Eating a high-fibre diet is essential for a healthy colon.*

---

**kombinieren** — 1. ***combine*** (verbinden) *He combined his business trip with a holiday.*
2. ***conclude, deduce*** (schlussfolgern) *She's good at deducing what I really mean.*

***combine*** PFF — 1. s. oben
2. **sich vereinigen** *The two political groups combined to form a new party.*

---

**Komfort** — ***comforts, luxury, amenities, mod cons*** (BE) *His flat had all the latest mod cons. Our hotel offers all the comforts you could desire.*

***comfort*** PFF — 1. s. oben
2. **Trost** *The book offers great comfort to people with this illness.*

---

**komfortabel** — ***luxurious, comfortable*** (Möbel) *They have some very comfortable furniture.*

***comfortable*** PFF — 1. s. oben
2. **sich wohl fühlen** (***feel ~***) *She felt comfortable in the warm water.*
auch: **wohlhabend**

---

**Komik** — ***comedy, comic effect/touch, funny side*** *Everyone laughed, but he couldn't see the comedy in the situation.*

***comic*** — 1. **Komiker/in** *He's one of the greatest stand-up comics in Britain.*
2. **Comic(heft)** *Children love to look at comics.*
auch: **komisch**

---

**komisch** — ***funny, comic*** (in Verbindung mit Rolle, Buch, Oper, Autor/in, Schauspieler/in) *He made some funny remarks in his speech.*

| | |
|---|---|
| ***comic*** PFF | s. oben |
| ***comical*** | **unerwartet komisch, ulkig** *He always wore comical clothes, which everyone thought rather silly.* |

---

| | |
|---|---|
| **kommandieren** | 1. ***command, be in command of*** (befehligen, führen) *He's in command of the navy.* 2. ***give orders*** (Befehle erteilen) *A general is used to giving orders.* |
| ***commandeer*** | **requirieren, beschlagnahmen** *The troops commandeered all the vehicles in the town.* |

---

| | |
|---|---|
| **Kommentar** | 1. **commentary** (Radio, TV, Presse, RECHTSPR., LITERATURW.) *There will be live radio commentaries on the Olympic Games.* 2. **comment** (Stellungnahme, Bemerkung) *The President refused to make a comment on the present situation.* |
| ***commentary*** PFF | s. oben |

---

| | |
|---|---|
| **Kommerz** | 1. ***commerce*** (Handel) *It's an organization which promotes the interests of industry and commerce.* 2. ***commercialism, commercial interests*** (Kommerzialisierung) *Sport, these days, is more influenced by commercialism than the ethics of fair play.* |
| ***commerce*** PFF | s. oben |

---

| | |
|---|---|
| **Kompagnon** | ***partner*** (WIRTSCH.) *I don't run the business alone – I have a partner.* |
| ***companion*** | **Begleiter/in, Kamerad/in, Freund/in** *He had a close companion who shared his interest in travelling.* |

---

| | |
|---|---|
| **Komponist/in** | **composer** *Bach is my favourite composer.* |
| ****componist*** | Ø |

| | |
|---|---|
| **konferieren** | 1. ***confer*** (sich beraten) *The accused leaned over and conferred with her attorneys.*<br>2. ***hold/have a conference*** *Last year we held a conference in New York.* |
| *confer* PFF | 1. s. oben<br>2. **verleihen** *An honorary doctorate was conferred on her by the university.* |
| **Konfession** | 1. ***denomination*** (Glaubensgemeinschaft) *What denomination are you, Catholic or Protestant?*<br>2. ***confession*** (religiöses Bekenntnis) *The confession of faith was included in the service.* |
| ***confession*** PFF | 1. **Geständnis** *He signed a confession at the police station and was released on bail.*<br>2. **Beichte** *A priest will hear your confession.*<br>3. s. oben |
| **Konjunktiv** | ***subjunctive*** *In some languages, the subjunctive is rather difficult.* |
| ***conjunctive*** | **Bindewort** *Words which connect clauses are sometimes known as conjunctives.* |
| **Konjunktur** | ***economy, economic situation*** *The government is doing its best to boost the economy.* |
| ***conjuncture*** | **Zusammentreffen** (ungünstiger Umstände) (geh.) *The political conjuncture at the moment may lead the government to call a general election.* |
| **Konkurrent/in** | ***competitor, rival*** *Our company has several competitors, but we have the best product.* |
| ***concurrent*** | 1. **gleichzeitig** (geh.) *There were two concurrent exhibitions of impressionist painters.*<br>2. **übereinstimmend** (geh.) *My opinions are concurrent with his.* |

**Konkurs** ***bankruptcy*** *When there is a downturn in the economy, we can expect more bankruptcies.*

***concourse*** 1. **große Halle, offener Platz** (Flugplatz, Bahnhof) *We looked at the many shops around the airport concourse.*
2. **Menschenmenge, -auflauf** (geh.) *There was a large concourse of demonstrators in the town square.*

---

**konsequent** 1. ***consistent, logical*** (folgerichtig) *We have to be consistent in our approach to this problem.*
2. ***persistent*** (beharrlich), ***firm, resolute*** (unbeirrbar) *Her successful career was a result of her persistent hard work.*
3. ***consequent*** (folgend, sich ergebend) *The drought and consequent famine affected most of the country.*
auch: ***rigorous*** (streng, hart)

***consequent*** PFF s. oben

---

**konstruieren** 1. ***construct, design, build*** *He constructed his yacht out of high-tech materials.*
2. ***fabricate*** (fälschen) *The evidence against the accused had obviously been fabricated.*

***construe*** **auffassen, deuten** *What he sees as helpful advice can sometimes be construed as criticism by others.*

---

**kontinuierlich** 1. ***continuous*** (ununterbrochen) *He has been in continuous employment for forty years.*
2. ***continual*** (ständig, fortwährend, andauernd) *Her continual phone calls annoyed him tremendously.*

***continual*** PFF s. oben

| | |
|---|---|
| **Kontrolleur/in** | ***inspector*** *The ticket inspector came through the train after every station.* |
| ***controller*** | 1. **Leiter/in** (einer Organisation) *She's the controller of a well-known TV channel.*<br>2. **Controller/in** (WIRTSCH.) *He's the financial controller of his company.* |
| **kontrollieren** | 1. ***control*** (Kontrolle haben über, beherrschen) *He controls a large section of the world-wide computer business.*<br>2. ***check*** (überprüfen) *Passports will be checked after you go through security.*<br>auch: ***monitor*** (überwachen) |
| ***control*** PFF | s. oben |
| **Konzern** | ***concern, group, big company*** *Siemens is a large multinational group.* |
| ***concern*** PFF | 1. **Sorge, Beunruhigung** *There is growing concern about global warming and the environment.*<br>2. s. oben<br>auch: **Anliegen** |
| **Konzession** | 1. ***concession*** (Zugeständnis) *The company made various concessions to the strikers.*<br>2. ***licence*** (Gewerbezulassung) *The restaurant has a licence to serve alcohol.* |
| ***concession*** PFF | 1. s. oben<br>2. **Preisnachlass, Ermäßigung** (Steuer) (BE) *To qualify for travel concessions, you have to be over 60.* |
| **Körper** | ***body*** *Exercise is essential for a healthy mind and body.* |
| ***corpse*** | **Leiche, Leichnam** *His corpse was found at the bottom of a cliff.* |

| | |
|---|---|
| **köstlich** | ***delicious, exquisite*** *The chocolate mousse was absolutely delicious.* |
| ***costly*** | **kostspielig, teuer** *The redevelopment plan was rejected as being too costly.* |
| **kosten** | 1. ***cost*** (Preis) *It won't cost you a penny for the first three months.*<br>2. ***taste*** (schmecken, probieren) *She kept tasting the food to see if she should add more spices.* |
| ***cost*** PFF | s. oben |
| **Kostüm** | 1. ***suit*** *She always wears a suit at work.*<br>2. ***costume*** (Tracht, Bühnen~) *The dancers looked very attractive in their traditional costumes.* |
| ***costume*** PFF | s. oben |
| **Krabbe** | ***shrimp, prawn, king prawn*** (Garnelen nach Größe) *They ordered shrimp salad as a starter.* |
| ***crab*** | **Taschenkrebs** *The fishermen were selling freshly-caught crabs and lobster in the harbour.* |
| **Kraft** | 1. ***strength*** (körperlich) *The athlete had enough strength and stamina to win a medal.*<br>2. ***energy, power, force*** *The power of the sun is enormous.* |
| ***craft*** | 1. **(Kunst-)Handwerk** *There were many traditional crafts, such as pottery, to be seen at the fair.*<br>2. **Fertigkeit, Geschicklichkeit, Können** *He perfected his craft as a violinist with one of the country's leading orchestras.*<br>auch: **Boot, Flugzeug** (***air~***), **Raumfahrzeug** (***space~***) |

---

**kräftig** 1. ***strong*** *There was a strong wind blowing.*
2. ***powerful*** *The opera singer had a powerful voice.*
auch: ***bold*** (Farbe), ***healthy*** (Pflanze), ***hearty*** (Essen)

***crafty*** **listig, schlau, raffiniert** *He had a crafty way of getting things without paying for them.*

---

**krank** **ill, sick** (meist AE) *She's off work today because she's ill.*

***crank*** 1. **Spinner/in** (neg.) *At first he was dismissed as a crank, but later became famous for his inventions.*
2. **Kurbel** *You can start the machine by turning the crank.*

---

**Kraut** ***cabbage*** (Kohl) *I'm particularly fond of red cabbage.*

***kraut*** **Deutsche/r** (abwertende Bezeichnung) (tabu) *"Kraut" is an offensive word for someone coming from Germany.*

---

**Krebs** 1. ***crab*** (Taschenkrebs), s. oben
2. ***cancer*** (MED.) *A lot of money is spent on research into cures for cancer.*

***crabs*** PFF 1. s. oben
2. **Filzläuse, Filzlausbefall an den Schamhaaren** *Crabs is a medical condition in which a type of louse is found in the hair around sexual organs.*

---

**Kredit** 1. ***credit*** *He bought his car on credit, so it will take some time to pay it off.*
2. ***loan*** (Darlehen) *We have taken out a loan from the bank to buy a house.*

***credit*** PFF 1. s. oben

2. **Anerkennung, Verdienst** *She deserves a lot of credit for working so hard to pass the exam.*

---

**Krimi** — ***thriller, whodunnit*** (ugs.), ***crime/detective novel*** *John le Carré wrote some very interesting spy thrillers.*

***crime*** — **Verbrechen** *The latest crime figures show a drop in the number of violent crimes.*

---

**Kriminale/r** — ***detective*** (Kriminalbeamter/~beamtin) *He's a detective working in the drug squad.*

***criminal*** — 1. **kriminell** *The police have started a criminal investigation.*
2. **Verbrecher/in** *The police managed to catch the escaped criminal.*

---

**Kriminalroman** — ***thriller, whodunnit*** (ugs.), ***crime/detective novel*** *Agatha Christie is one of the most famous authors of detective novels.*

***criminal Roman*** — **kriminelle/r Römer/in** *Can we describe Caligula as a criminal Roman?*

---

**Kritik** — 1. ***criticism*** *There is a lot of public criticism of the government's economic policies.*
2. ***review*** (Rezension) *Her latest film has had very good reviews.*
auch: ***critique*** (kritische Abhandlung/Besprechung)

***critic*** — **Kritiker/in** *He's always been a critic of company policy.*

***critique*** PFF — s. oben

---

**kritisch** — ***critical*** *She's very critical of her daughter's school.*

***critic*** — s. oben

| | |
|---|---|
| **kühn** | ***bold, daring*** *The architect used a very bold design for the new opera house.* |
| ***keen*** | 1. **erpicht auf** *He's very keen to help us.*<br>2. **scharf auf** (BE) *I'm not keen on oysters.*<br>auch: **begeistert, eifrig** (***a ~ student***), **scharfer Verstand, scharfe Sinne** (***a ~ mind/sense of smell***) |
| **Kur** | ***course of treatment at a health spa*** *The doctor prescribed her a course of treatment at a health spa.* |
| ***cure*** | **Heilverfahren, -mittel, Heilung** *I'm afraid there's no cure for this disease.* |
| **Kurier** | **courier, messenger** *The documents were taken to the bank by private courier.* |
| ***courier*** PFF | 1. s. oben<br>2. **Reiseleiter/in** (BE) *Our courier was very helpful, advising us which tours to go on and what to see.* |
| **kurz** | ***short, brief*** *We had a very short holiday this year – only a week.* |
| ***curt*** | **kurz angebunden, barsch, schroff** *He gave a curt reply to her question, then ignored her for the rest of the evening.* |

# L

| | |
|---|---|
| **Labor** | ***lab(oratory)*** *Laboratory tests indicate that the new drug may be effective.* |
| ***labour*** | 1. **(harte) körperliche Arbeit** *Harvesting the fruit was hard physical labour.*<br>2. **Arbeitskräfte** *Labour costs are lower in emerging economies.*<br>auch: **(Geburts-)Wehen** |
| **Lack** | 1. ***varnish*** (Klar~) *We sanded the floor-boards and covered them with a coat of var-nish.*<br>2. ***paint*** (Auto~, ~farbe) *We need three more cans of yellow paint.*<br>auch: ***lacquer*** (für Lackarbeiten), ***nail var-nish*** (Nagellack) |
| ***lack*** | **Mangel** *A lack of water is causing severe problems in many parts of Africa.* |
| ***luck*** | **Glück, (glücklicher) Zufall** *We've had no luck with house-hunting.* |
| **Lager** | 1. ***camp*** (Behausung) *The refugees from the earthquake were housed in temporary camps.*<br>2. ***warehouse*** (Waren~) *The goods are in the warehouse waiting to be distributed.*<br>auch: ***stockroom*** (im Geschäft) |
| ***lager*** | **(untergäriges) Bier** *Our local pub has sever-al kinds of lager.* |
| **Land** | 1. ***country*** (Staat, Land im Ggs. zu Stadt) *Iceland is one of the countries I would most like to visit.* |

2. ***land*** (Ggs. zu Wasser und Luft, Boden) *They own a lot of fertile land in this area.*
auch: ***(federal) state*** (Bundesland)

***land*** PFF — s. oben

---

**Landschaft** — 1. ***landscape*** (allg., Gemälde, auch Politik) *The two mountains dominated the landscape.*
2. ***scenery*** (landschaftliche Schönheit) *She was fascinated by the beautiful scenery of Tuscany.*

***landscape*** PFF — s. oben

---

**last not least** — ***last but not least*** *Last but not least, let me introduce Jane, our new secretary.*

****last not least*** — Ø

---

**launisch** — 1. ***moody*** (schlecht gelaunt) *Teenagers often seem to be moody.*
2. ***capricious*** (unberechenbar) *She was difficult to deal with because she was so capricious.*

*loony* — **bekloppt, verrückt** (ugs.) *He has some loony idea about politics.*

---

**Leber** — ***liver*** *Too much alcohol is bad for the liver.*

*lever* — 1. **Hebel** *Press the lever to start the machine.*
2. **Druckmittel** (fig.) *Some teachers use marks as a lever to exert discipline.*

---

**Leim** — ***glue*** *He used glue to repair the model aircraft.*

*lime* — 1. **Kalk** *Lime is a substance used in the building trade.*
2. **Limone** *A lime looks a bit like a small green lemon.*
auch: **Linde**

---

**Leitartikel** — ***editorial, leading article, leader*** (BE) *Most of the editorials in today's papers seem to share the same opinion.*

***light article*** — **heiterer/unterhaltsamer/leichter Artikel** *I've just read a light article making fun of food fanatics.*

---

**Leiter/in** — 1. ***manager, director, head*** *He's just been made head of human resources.*
2. ***ladder*** (Steh~) *She climbed up the ladder and started picking apples.*

***lighter*** — 1. **Feuerzeug** *He flicked open his lighter and lit her cigarette.*
2. **Leichterschiff** (Lastkahn) *The lighter was bringing the last load from the cargo ship into the harbour.*

---

**Lektüre** — ***reading (matter)*** *That's recommended reading for students in their third year.*

***lecture*** — **Vortrag, Vorlesung** *We heard an interesting lecture on global warming the other day.*

---

**lernen** — 1. ***learn, train as*** (Ausbildung machen) *She learned to cook from her mother and later trained as a chef.*
2. ***work*** (für die Schule), ***revise*** (Lehr-, Lernstoff wiederholen), ***review*** (AE) *I have to revise for an exam.*

***learn*** PFF — s. oben

---

**Lied** — ***song, hymn*** (Kirchen~), ***carol*** (Weihnachts~), ***lied*** (deutsches Kunst~) *She sang some beautiful songs.*

***lied*** PFF — s. oben

---

**liften** — ***have a facelift*** (Gesicht ~) *You can tell she has had a facelift.*

| | |
|---|---|
| *lift* PFF | 1. **(hoch-, auf)heben** *She has strained her back and isn't allowed to lift anything heavy.*<br>2. **aufheben** (Verbot, Embargo, Sanktionen) *The government plans to lift its ban on meat imports.*<br>3. s. oben |
| **Likör** | ***liqueur*** *Some guests had liqueurs with their coffee, although I find them too sweet.* |
| *liquor* | **Spirituosen** (AE, BE ***spirits***), **Alkohol** (BE, fachspr.) *In the US, a shop where you can buy alcohol is a liquor store.* |
| **Lineal** | ***ruler*** *Christine used her ruler to draw a straight line.* |
| *lineal* | **direkt** (Nachkomme) (geh.) *He's a lineal descendant of Napoleon.* |
| **liquid(e)** | 1. ***liquid*** (finanziell flüssig, frei verfügbar) *We don't have many liquid assets as most of our wealth is tied up in investments.*<br>2. ***solvent*** (zahlungsfähig) *They have been financially solvent for the past three years.* |
| *liquid* PFF | 1. **flüssig** *She can't eat solids; she can only take food in liquid form.*<br>2. s. oben |
| **List** | ***cunning, trick, ruse*** *The thief showed great cunning in persuading the police that he wasn't at the scene of the crime.* |
| *list* | **Liste, Verzeichnis** *She likes to make a list of things to do.* |
| **Lohn** | ***wage(s), pay, salary*** (Gehalt) *The workers were striking for an increase in wages.* |
| *loan* | 1. **(Ver)Leihen** *He gave me the loan of his car.*<br>2. **Anleihe, Darlehen** *The bank has given us a loan to expand the company.* |

| | |
|---|---|
| **Loch** | ***hole*** *They got into the football stadium without paying through a hole in the fence.* |
| ***loch*** | **See** (schottisch) *Surprisingly, a lot of people claim to have seen a large creature in Loch Ness.* |
| **Locke** | ***curl*** *As a small child she had beautiful golden curls.* |
| ***lock*** | 1. **Schloss, Verschluss** *She heard footsteps and then the key turning in the lock.*<br>2. **Schleuse** *They manoeuvred the narrow boat towards the lock and settled down to wait.*<br>auch: **Haarsträhne** |
| **locken** | 1. ***tempt, entice, attract*** (an~) *They tried tempting customers with price discounts.*<br>2. ***lure*** (ködern, in eine Falle ~) *People were lured into buying insurance policies which they didn't need.* |
| ***lock*** | 1. **abschließen** *Have you locked the door?*<br>2. **wegschließen** *She locked her passport and credit card in the safe.*<br>auch: **blockiert sein** (Rad, Bremsen) |
| **Loge** | 1. ***box*** (Theater) *My husband prefers a box at the theatre because it's more intimate.*<br>2. ***lodge*** (Pförtner~, Freimaurer~) *Hand in your name at the porter's lodge and we'll pick you up.* |
| ***lodge*** PFF | 1. **Hütte, einfaches Haus** (für den Urlaub) *We stayed at an old ski lodge in the mountains.*<br>2. s. oben |
| **Lokal** | ***restaurant, pub, bar*** (AE) *Let's eat at that new French restaurant.* |
| ***local*** | **örtlich** *You can order any book from your local library.* |

---

**lösen** 1. ***solve*** (Problem) *She's very good at solving mathematical problems.*
2. ***undo*** (aufbinden), ***untie*** (losbinden), ***loosen*** (lockern) *The screws cannot be loosened by hand.*
auch: ***release*** (Handbremse), ***remove*** (ablösen, entfernen), ***dissolve*** (auflösen, in etwas ~)

***loosen*** PFF s. oben

---

**lose** ***loose*** *Your shoelaces are loose. Don't trip.*

***lose*** **verlieren** *They tried hard not to lose the match.*

---

**Lot** ***plumb*** (Senkblei) *He used a plumb line to check if the wall was straight.*

***lot*** 1. **Menge, Haufen** *I've just corrected one lot of essays; now I can start on the next lot.*
2. **viel(e)** *A lot of people like watching tennis.*
auch: **Schicksal, Lebenssituation** (Los), **Grundstück/Gelände, Posten** (Auktion), **Los(entscheid)**

---

**Lupe** ***magnifying glass*** *Sherlock Holmes took out his magnifying glass and examined the tiny piece of material.*

***loop*** **Schlinge, Schlaufe, Schleife** (Programm, Telefon) *He pulled his belt through the loops and fastened it tightly.*

---

**Lust** 1. ***pleasure, joy*** (Freude), ***interest, inclination, feel like doing*** (Neigung) *He has already lost interest in his latest hobby. I don't feel like going on holiday at the moment.*

| | |
|---|---|
| | 2. ***lust*** (sexuelle ~, Gier) *My feelings for John were pure lust. Her lust for money was one of the more unpleasant aspects of her character.* |
| | auch: ***desire*** (Wunsch, sinnliches Verlangen, Begierde) |
| ***lust*** PFF | s. oben |
| **lustig** | 1. ***funny*** (witzig) *He's one of the funniest comedians I know.* |
| | 2. ***entertaining*** (unterhaltsam) *We had a very entertaining evening out.* |
| | auch: ***cheerful*** (heiter, vergnügt) |
| ***lusty*** | **kräftig, kraftvoll, herzhaft** *It was a pleasure to hear the lusty singing of the school choir.* |
| **Lyrik** | ***(lyric) poetry*** *She teaches comtemporary poetry.* |
| ***lyric*** | 1. **lyrisch** *He wrote great lyric poems.* |
| | 2. **(Lied-)Text** (meist Pl.) *I know who wrote the music, but I'm not sure who wrote the lyrics.* |

# M

| | |
|---|---|
| **mager** | 1. ***lean*** (Fleisch), ***low-fat*** (Käse, Wurst) *The meat was delicious – lean and tender.*<br>2. ***meagre, poor*** (dürftig) *The family were hardly able to survive on his meagre income.* |
| ***meagre*** PFF | s. oben |
| **magisch** | 1. ***magic*** (die Magie betreffend, Zauber…) *Harry Potter books are full of characters with magic powers.*<br>2. ***magical*** (zauberhaft, märchenhaft, geheimnisvoll, wundervoll) *This Greek island is a magical place to spend a holiday.* |
| ***magic*** PFF | s. oben |
| ***magical*** PFF | s. oben |
| **Manifest** | ***manifesto*** *All the political parties will publish their manifestos before the election.* |
| ***manifest*** | 1. **(sich) zeigen** (geh.) *A talent for certain sports usually manifests itself at an early age.*<br>2. **offensichtlich** (geh.) *There has been a manifest failure to understand the seriousness of climate change.* |
| **Mann** | 1. ***man*** *He's a very intelligent young man.*<br>2. ***husband*** (Ehe~) *My husband's cooking supper in the kitchen.* |
| ***man*** PFF | 1. s. oben<br>2. **Mensch** (ohne Artikel) *This is one of the oldest customs practised by man.*<br>3. **Alter** (mein ~), **Mann** (ugs.) *Man! That was a great game.* |
| **männlich** | 1. ***male*** (von männlichem Geschlecht) *The* |

*survey looks at male and female attitudes to power.*
2. ***masculine*** (typisch männliche Eigenschaften) *She has a rather masculine voice – deep and husky.*
3. ***manly*** (mannhaft) *Being strong and brave is considered manly.*

***manly*** PFF s. oben

---

**Mantel** 1. ***coat*** *She took off her coat and hung it up.*
2. ***tyre*** (Reifen~), **tire** (AE) *He had a punctured front tyre.*

***mantle*** 1. **Rolle, Verantwortung** (geh.) *He is now assuming the mantle of leadership in the government.*
2. **Schutz-, Deckmantel** (geh.) *He crept silently through the trees under the mantle of darkness.*

---

**Mappe** 1. ***folder, file*** (Akten~), ***document case, briefcase*** (Tasche), ***portfolio*** (für Zeichnungen) *She put the signed documents into a folder, which she placed in her briefcase.*
2. ***school bag*** (Schultasche), ***satchel*** (Ranzen) (veraltet) *Peter threw his books into his school bag and hurried off to school.*

***map*** **(Land-)Karte, (Stadt-)Plan** *I'll just find her street on the map, then we can go.*

---

**Marine** **navy** *He joined the navy when he left school.*

***marine*** 1. **Meeres..., See...** *We don't fully understand the effect of global warming on marine life.*
2. **Marinesoldat/in** *He's a Royal Marine, so he could be involved in special operations on land and at sea.*

**Marmelade** ***jam, marmalade*** (aus Zitrusfrüchten) *I like strawberry jam and marmalade for breakfast.*

***marmalade*** PFF s. oben

**massiv** 1. ***solid*** (Metall, Holz usw.) *This wardrobe is solid oak.*

2. ***serious*** (Kritik, Vorwürfe) *There was serious criticism of his speech.*

auch: ***huge*** (riesengroß), ***strong*** (Protest), ***massive*** (Rechnung, Angriff usw.)

***massive*** PFF **riesig, enorm, gewaltig, heftig** *I was amazed at the massive phone bill for last month.*

**Mehl** ***flour*** *We use wholemeal flour to make our own bread.*

***meal*** **Essen, Mahlzeit** *Why don't we go out for a meal?*

**meinen** ***think*** *I think we should invest in a new car.*

***mean*** 1. **bedeuten** *What does this word mean?*

2. **beabsichtigen, vorhaben** *I meant to send you a card, but I forgot.*

auch: **zur Folge haben, nach sich ziehen**

**Meinung** ***opinion*** *My personal opinion is that we should wait with this investment.*

***meaning*** **Sinn, Bedeutung** *The exact meaning of his words is now clear.*

**Menü** 1. ***set meal, set menu*** *Let's take the set meal; it's cheaper than other things on the menu.*

2. ***menu*** (COMP.) *Select PRINT from the main menu.*

***menu*** PFF 1. **Speisekarte** *Could you bring us the menu, please?*

2. s. oben

---

| | |
|---|---|
| **Messe** | 1. ***mass*** (REL.) *We sometimes go to midnight mass on Christmas Eve.*<br>2. ***fair*** (Ausstellung) *I'm in charge of our company at the trade fair in Munich.*<br>3. ***(officers') mess*** (Offiziersmesse) *We're going to a party at the officers' mess tonight.* |
| ***mess*** PFF | 1. **Unordnung, Durcheinander, Schlamassel** *Sorry, the place is a bit of a mess, I didn't have time to tidy up.*<br>2. s. oben |

---

| | |
|---|---|
| **Miene** | ***(facial) expression*** *His expression became worried when he heard her explanation.* |
| ***mine*** | 1. **meine/r/s** *Whose bag is this? It's mine.*<br>2. **Bergwerk** *They have just closed down one of the largest coal mines in the country.*<br>auch: **Mine** (Bombe) |

---

| | |
|---|---|
| **mieten** | 1. ***rent*** *We'll have to rent a house for a few months until we find one to buy.*<br>2. ***hire*** (meist BE), ***rent*** (meist AE) (Boot, Auto) *You can hire a car at the airport.* |
| ***meet*** | 1. **treffen** *We had arranged to meet outside the restaurant.*<br>2. **kennenlernen** *We first met on holiday in Paris.*<br>auch: **abholen, erfüllen/einhalten** (Termin usw.) |

---

| | |
|---|---|
| **Mieter/in** | ***tenant*** *The tenants in our block of flats are not allowed to keep pets.* |
| ***metre*** | 1. **Meter** (AE ***meter***) *The snake was two metres long.*<br>2. **Metrum, Versmaß** (LITERATURW.) *All his poems have a regular metre.* |
| ***meter*** | **Zähler, Messgerät** (Zus. wie ***gas ~, electricity ~, water ~, parking ~***) *A man had come to read the electricity meter.* |

| | |
|---|---|
| **mimen** | 1. ***act, pretend, feign*** (vortäuschen) *He pretended to be innocent, but the judge wasn't fooled.*<br>2. ***act/play a role*** (veraltet) *She's acting the role of Virginia Woolf.* |
| ***mime*** | **pantomimisch darstellen** *He mimed playing the guitar and singing.* |
| **Mimik** | ***(facial) expressions*** *His expression showed that he was disappointed by her words.* |
| ***mimic*** | **Imitator/in** *There are lots of Elvis Presley mimics.* |
| **Minister/in** | ***minister, secretary*** *The Foreign Secretary phoned his Dutch counterpart about European issues.* |
| ***minister*** PFF | 1. s. oben<br>2. **Staatssekretär/in** (*Ministers* sind je nach Geschäftsbereich entweder Minister oder Staatssekretäre) *Ministers normally concentrate on drawing up policies rather than implementing them.*<br>3. **Geistliche/r** *His father was a Baptist minister.* |
| **Minze** | ***mint*** *Roast lamb is usually served with mint sauce.* |
| ***mince*** | **Rinderhackfleisch** (AE ***ground beef***) *She used mince to make spaghetti Bolognese.* |
| **Mist** | 1. ***rubbish, nonsense*** (fig.), ***damn!*** (ugs.) *The film was a load of rubbish.*<br>2. ***manure*** (Dung) *She hated the smell of manure.* |
| ***mist*** | **Dunst, (feiner) Nebel** *The early morning mist was lifting to reveal the mountain peaks.* |

| | |
|---|---|
| **mittelalterlich** | ***medieval*** *We like exploring medieval castles.* |
| ***middle-aged*** | **mittleren Alters** *Unfortunately, many people put weight on when they are middle-aged.* |
| **Mittwoch** | ***Wednesday*** *By Wednesday, I'm usually beginning to plan my weekend.* |
| ***midweek*** | **Mitte der Woche** *Hotels often offer midweek discounts.* |
| **mobben** | ***bully, harass*** *She was constantly being harassed at work.* |
| ***mob*** | **herfallen über, bedrängen, belagern** *He was mobbed by fans and photographers when he arrived at his hotel.* |
| **Mode** | ***fashion*** *Hats are coming back into fashion.* |
| ***mode*** | 1. **Art und Weise, Methode** *Underground trains are a very efficient mode of transport.*<br>2. **Modus** (TECHN.) *Set the monitor to 256 colour mode.*<br>auch: **Gefühl, Haltung** |
| **Moderation** | ***The presenter is ..., ... present, be presented by*** *The new show will be presented by a young woman from London.* |
| ***moderation*** | **Mäßigung** *The new government encouraged moderation and tolerance on religious issues.* |
| **Moderator/in** | 1. ***presenter, host*** (AE) *He was offered a job as news presenter with the BBC.*<br>2. ***moderator*** (Diskussionsleiter/in) *The moderator had a difficult job ensuring that the debate was conducted in a fair way.* |
| ***moderator*** PFF | s. oben |

| | |
|---|---|
| **Mörder/in** | ***murderer*** *He's a convicted murderer, who will spend most of his life in jail.* |
| ***murder*** | **Mord** *He was accused of the murder of two men.* |
| **mondän** | ***stylish, fashionable, chic*** *St. Tropez is a very chic resort.* |
| ***mundane*** | **banal, alltäglich, profan, schlicht** *After her exciting holiday, she was not looking forward to her mundane routine.* |
| **Mondschein** | ***moonlight*** *He was kept awake by the moonlight shining in through the thin curtains.* |
| ***moonshine*** | 1. **Geschwafel, Unsinn** (BE, ugs.) *His idea of sailing round the world was just moonshine.*<br>2. **schwarzgebrannter Alkohol** (veraltet) *The police confiscated his entire supply of moonshine.* |
| **Montage** | 1. ***installation*** (Einbau), ***assembly*** (Zusammenbau), ***away on a job*** (auf ~) *He works in a car assembly plant.*<br>2. ***montage*** (Film, Kunst, Literatur) *The montage was autobiographical, featuring photos of him at different stages in his life.* |
| ***montage*** PFF | s. oben |
| **Moral** | 1. ***morals*** (Sittlichkeit), ***morality*** (Wertesystem), ***moral standards*** (Verhalten) *Some employees in the world of finance don't seem to have any morals.*<br>2. ***morale*** (Selbstvertrauen, Stimmung, Disziplin) *Many teachers are disillusioned and morale is low.*<br>auch: ***moral*** (~ einer Geschichte usw.) |
| ***moral*** PFF | s. oben |
| ***morale*** PFF | s. oben |

| | |
|---|---|
| **Motor** | 1. ***engine*** *There's some problem with the car's engine.*<br>2. ***motor*** (Elektro~) *The motor on my lawn mower is broken.* |
| ***motor*** PFF | s. oben |
| **mustern** | 1. ***eye, look s.o. up and down*** (von oben bis unten ~) *The class eyed their new teacher warily.*<br>2. ***inspect, examine*** (MILIT.) *The commander-in-chief inspected the troops.*<br>auch: ***give s.o. a medical*** (~ von Wehrpflichtigen) |
| ***muster*** | 1. **zum Appell antreten (lassen), sich versammeln** *The soldiers mustered before the flag, ready for battle.*<br>2. **zusammennehmen, aufbringen, -bieten** (Mut, Kraft usw.) *He went out to face his opponent with all the courage he could muster.* |
| **Mut** | ***courage*** *Getting through such an illness must have taken great courage.* |
| ***mood*** | 1. **Stimmung, Laune** *He's in a bad mood because he didn't sleep well last night.*<br>2. **Modus** (SPRACHW.) *The subjunctive mood is very difficult in French.* |
| **mutig** | ***courageous, brave*** *Criticizing the leaders in a dictatorship is a very courageous thing to do.* |
| ***moody*** | **launisch, schlecht gelaunt** *During those years of his life he was unstable and moody.* |
| **Mutter** | 1. ***mother*** *Both her mother and father are very fine pianists.*<br>2. ***nut*** (Schrauben~) *Use a wrench to loosen the nut.* |

***mutter*** 1. **murmeln** (leise sprechen) *He muttered something about going out to have a drink.*
2. **murren** *People were muttering about possible redundancies.*

# N

| | |
|---|---|
| **Nacken** | ***(back/nape of the) neck*** *She had complained of aching shoulders and he was massaging the nape of her neck.* |
| ***neck*** | **Hals** *She wore a diamond necklace around her neck.*<br>auch: ***neck of a bottle*** (Flaschen~) |
| **nächste/r/s** | 1. ***next*** (in einer Reihe, zeitlich) *"Who's next, please," asked the shop assistant.*<br>2. ***nearest, closest*** (räumlich) *Excuse me. Could you tell me where the nearest post office is, please?* |
| ***next*** PFF | s. oben |
| **nagen** | ***gnaw, eat away*** (auch fig.) *The dog was at the bottom of the garden gnawing on a bone.* |
| ***nag*** | **herumnörgeln** *My mum's always nagging me to tidy my room.* |
| **necken** | ***tease*** *The other children teased him unkindly about his accent.* |
| ***neck*** | **(ab)knutschen, schmusen** (ugs.) *My brother and his girlfriend were always necking in the back row of the cinema.* |
| **nerven** | ***get on s.o.'s nerves*** *He's always talking about money – it's getting on my nerves.* |
| ***nerve*** | **seinen ganzen Mut zusammennehmen** (***~ oneself for s.th.***) *The parachutist nerved himself for his first jump.* |
| **neulich** | ***the other day, recently*** *I met an old school-friend the other day.* |

| | |
|---|---|
| ***newly*** | **vor kurzem, gerade, neu** *She's newly arrived from Australia.* |

---

| | |
|---|---|
| **nicken** | ***nod*** *He didn't say anything, but nodded his head in agreement.* |
| ***nick*** | 1. **schneiden** (unabsichtlich), **einkerben** *He nicked his finger chopping the onions.*<br>2. **klauen** (BE, ugs.) *Oh no! Someone's nicked my bike.*<br>auch: **verhaften, schnappen** (ugs.) |

---

| | |
|---|---|
| **nobel** | 1. ***noble(-minded)*** (edel) *He was a hero and died for a noble cause.*<br>2. ***generous*** (großzügig) *I was surprised at my employer's generous offer to pay the bill.*<br>auch: ***high-class, classy, posh*** (vornehm), ***noble*** (adlig) |
| ***noble*** PFF | s. oben |

---

| | |
|---|---|
| **Note** | 1. ***mark, grade*** (Schule, Universität) *She always got very good marks in Spanish at school.*<br>2. ***note*** (einzelne Note) (MUSIK) *She has a wonderful voice and can reach the highest notes.*<br>auch: ***music*** (geschriebene Noten), ***note/bill*** (AE) (Banknote), ***note*** (POLITIK) |
| ***note*** PFF | 1. **Notiz, Zettel** *She left a note for her husband on his desk.*<br>2. **kurzer Brief** *This is just a quick note to say thank you for the invitation.*<br>3. s. oben<br>auch: **Aufzeichnungen** (***students' notes***), **Anmerkung, Ton/Klang** (fig.), **(offizieller) Schein** (***sick note*** usw.) |

| | |
|---|---|
| **Notiz** | 1. ***note*** (Zettel), s. oben<br>2. ***notice*** (Nachricht, Hinweis, Beachtung) *We want people to take notice of the situation of the homeless.* |
| ***notice*** PFF | 1. s. oben<br>2. **Ankündigung** *Have you read the notice about the meeting?*<br>auch: **Kündigung** |
| **Novelle** | 1. ***novella, short novel/story*** *She has just published a book of short stories.*<br>2. ***amendment*** (Parlament) *He proposed an amendment to the immigration bill.* |
| ***novel*** | **Roman** *I've read all Jane Austen's novels.* |
| **Nut** | ***groove*** *Cut a groove into the wood, so that the two pieces can be slotted together.* |
| ***nut*** | 1. **Nuss** *You should eat more nuts; they're very good for you.*<br>2. **(Schrauben-)Mutter** *Tighten the nut or the wheel might come off.*<br>auch: **Spinner/in, Verrückte/r, Kopf** (ugs.) |
| **Nutte** | ***tart, hooker*** (AE) *I wonder if she knows that she dresses like a tart.* |
| ***nut*** | s. oben |

# O

| | |
|---|---|
| **Objektiv** | ***lens*** (Fotoapparat), ***objective*** (optische Instrumente) *My camera has a special lens.* |
| ***objective*** PFF | 1. s. oben<br>2. **Ziel** *You need to set specific objectives in order to have a successful career.* |
| **Obligation** | ***bond*** (WIRTSCH.) *He invested most of his money in government bonds.* |
| ***obligation*** | **Verpflichtung** *Shops are under no legal obligation to refund customers' money.* |
| **ökonomisch** | 1. ***economic*** (WIRTSCH.) *The government's economic policy seems to be working at last.*<br>2. ***economical*** (sparsam) *Car engines will have to be more economical in the future.* |
| ***economic*** PFF | s. oben |
| ***economical*** PFF | s. oben |
| **Ofen** | 1. ***stove*** (Herd, Kohle~, Holz~) *There was a pot of delicious stew simmering on the stove.*<br>2. ***oven*** (Back~) *He put the meat in the oven to roast for a couple of hours.* |
| ***oven*** PFF | s. oben |
| **offensiv** | ***offensive*** *The football team employed a very offensive strategy.* |
| ***offensive*** | 1. s. oben<br>2. ***beleidigend, anstößig*** *We found his speech racist and deeply offensive to many people.* |
| **offiziös** | ***semi-official*** *The contacts between the opposing armies are still only semi-official.* |

| | |
|---|---|
| ***officious*** | **diensteifrig, aufdringlich** *The immigration people were so officious that we thought they wouldn't let us enter the country.* |
| **Oldtimer** | ***veteran car*** (ca. vor 1919 gebautes Auto), ***vintage car*** (ca. 1919–1930 gebautes Auto) *He has a fantastic collection of vintage cars.* |
| ***old timer*** | **alter Hase, erfahrener Mensch, Alte/r** (AE, ugs.) *He may be an old timer, but his experience would be valuable for the project.* |
| **ordinär** | ***vulgar*** (unfein, anstößig) *We were embarrassed by some of his very vulgar jokes.* |
| ***ordinary*** | **gewöhnlich, normal** *The film is about ordinary people in an ordinary town.* |
| **Organ** | 1. ***organ*** (Körper~, Stimme) *He's an expert on organ transplants.*<br>2. ***organ*** (Zeitung) *This daily paper is the official organ of the Communist Party.*<br>auch: ***authority, body, the organs of government*** (staatl. Abteilung, Organisation) |
| ***organ*** PFF | 1. s. oben<br>2. **Orgel** *We could hear organ music through the open windows of the church.* |
| **Original** | 1. ***original*** *We realized that we were not looking at a copy; the Renoir was an original.*<br>2. ***character*** (Mensch) *He has retired, but will be greatly missed, as he was a real character.* |
| ***original*** PFF | 1. s. oben<br>2. **ursprünglich** *The original plan was to fly to New York, not Boston.*<br>auch: **originell** |

# P

| | |
|---|---|
| **Paar** | 1. ***pair*** (zwei Dinge, zwei Leute, Pärchen im zoologischen Sinn) *She's got at least thirty pairs of shoes. My daughter's going on holiday with her friend and the pair of them are planning a trip around Europe.*<br>2. ***couple*** (Mann und Frau) *We met a very friendly Italian couple on holiday.* |
| ***pair*** PFF | s. oben |
| **Paket** | 1. ***parcel, package*** (zum Versenden) *I like to get all my Christmas parcels sent off by the end of November.*<br>2. ***packet*** (Packung) *That's her second packet of crisps; that's quite enough.* |
| ***packet*** PFF | s. oben |
| **Panne** | 1. ***breakdown*** (Auto~, technische ~), ***puncture*** (Reifen~), ***fault*** (Störung, Fehler) *We had a breakdown on the motorway, but fortunately we had our mobile with us.*<br>2. ***mishap*** (Missgeschick) *We missed our train, but the next one came quite quickly and we arrived home without further mishap.* |
| ***pan*** | **Pfanne** *The kitchen was full of gleaming copper pans.* |
| **Pappe** | ***cardboard*** *The box was made of cardboard, but seemed strong enough to hold our books.* |
| ***pap*** | 1. **Schund** (Film, Programm, Buch usw.) *The film is a typical Hollywood production – just a load of sentimental pap.*<br>2. **Brei** *Poor babies, having to eat all that pap.* |

| | |
|---|---|
| **Parole** | 1. ***password*** (MILIT.) *The rebels suspected him of being a spy until he gave the password.*<br>2. ***motto*** (Leitspruch) *Our motto is “Try, try and try again.”*<br>auch: ***slogan*** (Schlagwort) |
| ***parole*** | **bedingter Straferlass, Bewährung** *He was convicted of murder and had no chance of getting parole.* |
| **Pass** | 1. ***passport*** *He managed to enter the country using a false passport.*<br>2. ***pass*** (Gebirgs~) *Roads usually follow mountain passes, for example the Brenner Pass.* |
| ***pass*** PFF | 1. **(mit »ausreichend«) bestandene Prüfung** *She got a pass in maths and physics.*<br>2. **Passierschein** (Ausweis) *I was given a pass so that I could enter the building whenever I wanted.*<br>3. s. oben |
| **passen** | 1. ***fit*** (der Größe nach) *These shoes don’t fit – they’re much too small.*<br>2. ***go with*** (zusammen~) *That awful orange shirt doesn’t go with his suit at all.*<br>auch: ***suit*** (genehm sein), ***pass*** (passen beim Kartenspiel) |
| ***pass*** PFF | 1. **vorbeigehen, -fahren, überholen** *I pass my old school every day on the way home from work.*<br>2. **reichen** *Could you pass me the salt, please?*<br>auch: **vergehen** (Zeit), **bestehen** (Prüfung)<br>3. s. oben |
| **pathetisch** | 1. ***dramatic*** (theatralisch, übertrieben) *He raised his hands in a dramatic gesture of despair.* |

2. ***(too) emotional*** (gefühlvoll), ***sentimental*** (rührselig), ***passionate/impassioned*** (aufwühlend) *The final part of her speech sounded too emotional to me.*

***pathetic*** 1. **bemitleidenswert, mitleiderregend** *The refugees looked hungry and frightened, it was a pathetic sight.*
2. **kläglich, lächerlich, erbärmlich** (ugs.) *He made a pathetic excuse to explain his absence.*

---

**Patt** ***stalemate*** *The wage negotiations with the railway drivers ended in stalemate.*

***pat*** **Klaps** (freundlich) *He gave the dog a friendly pat on the head.*

---

**Pause** 1. ***pause*** (beim Reden) *There was a pause in the conversation after her dramatic announcement.*
2. ***break*** (Arbeits~, in der Schule) *It's time for our coffee break.*
auch: ***interval, intermission*** (AE) (Theater), ***rest*** (Ruhepause)

***pause*** PFF s. oben

---

**pennen** ***kip, nap*** *Jane, you know you can kip on my sofa anytime.*

***pen*** 1. **schreiben, verfassen** *He was so annoyed that he immediately penned a letter to the editor.*
2. **ein-, zusammenpferchen** *After being milked, the cattle were penned for the night.*

---

**Pension** 1. ***pension*** (Rente) *She only has a small state pension.*
2. ***guesthouse*** (kleines Privathotel) *We stayed at a lovely little guesthouse.*

***pension*** PFF s. oben

| | |
|---|---|
| **Perle** | 1. ***pearl*** (Muschelperle, auch fig.) *She wore an expensive string of pearls.*<br>2. ***bead*** (aus Holz, Glas usw.) *The children were occupied making necklaces out of wooden beads.* |
| ***pearl*** PFF | s. oben |
| **piepen** | 1. ***cheep, chirp, peep*** (Vögel usw.) *The birds chirped loudly in the warm summer air.*<br>2. ***beep*** (Gerät) *What's wrong with the computer? It keeps beeping.* |
| ***peep*** PFF | 1. **neugierig/verstohlen gucken** *The children peeped through the fence into the dark, mysterious garden.*<br>2. s. oben |
| **Personal** | ***staff, personnel, human resources*** *The teaching staff were very unhappy with the administrative changes.* |
| ***personal*** | **persönlich, die Person betreffend** *Can you fill in the form including personal details like date of birth?* |
| **Pest** | ***plague*** *Throughout history, the plague caused many deaths in Europe.* |
| ***pest*** | 1. **Schädling** *The chemical company has developed an innovative form of pest control.*<br>2. **Nervensäge, Plage** (ugs.) *He continually disrupted lessons and was generally a little pest.* |
| **Pflaster** | 1. ***plaster, band-aid*** (AE) (MED.) *Her mother put a plaster on the child's scraped knee to stop it getting infected.*<br>2. ***road (surface)*** (Straßen~) *They've closed off the street because they're renewing the road surface.* |

| | |
|---|---|
| ***plaster*** PFF | 1. s. oben<br>2. **Verputz, Gips** *The walls in the new house were almost finished – they just needed a layer of plaster.* |
| **Physiker/in** | ***physicist*** *He's a nuclear physicist.* |
| ***physician*** | **Arzt, Ärztin** (AE, geh.) *You should consult your physician before taking these tablets.* |
| **Physik** | ***physics*** *He spends most of his time in the physics lab designing experiments on particle physics.* |
| ***physique*** | **Körperbau, Statur** *He had the physique of an athlete.* |
| **Pickel** | 1. ***spot, pimple*** *Her youngest son woke up with a temperature and was covered in spots.*<br>2. ***pick(axe)*** (Spitzhacke) *They used a pickaxe to break up the ground before laying the paving stones.* |
| ***pickle*** | 1. **in Essig oder Salzwasser eingelegtes Gemüse** *Cold meat with pickles is usually one item on the menu in most pubs.*<br>2. **Essig-, Gewürzgurke** (AE) *Americans use the word "pickle", while the British talk about gherkins.* |
| **Plage** | ***nuisance*** (Ärgernis), ***pest*** (Nervensäge), ***plugue*** (Ratten~, Insekten~ usw.) *There's a real plague of wasps this year.* |
| ***plague*** PFF | 1. **Pest, Seuche** *The plague was one of the scourges of the Middle Ages and beyond.*<br>2. s. oben |
| **plakatieren** | 1. ***put up posters, advertise with posters*** *There are posters advertising the new shopping centre all over town.* |

***placate*** — **beschwichtigen, besänftigen** *The government will, of course, try to placate the voters with promises of tax reductions.*

---

**Plane** — ***tarpaulin*** *He kept his vintage car in the garage covered with a tarpaulin.*

***plane*** — 1. **Flugzeug** *We boarded the plane for Sydney.*
2. **Ebene** (MATH., PHYSIK, TECHN., fig.) *His writing is on a much higher plane than that of similar authors.*
auch: **Platane, Hobel**

---

**Plastik** — 1. ***plastic*** (Kunststoff) *Most children's toys seem to be made of plastic these days.*
2. ***sculpture*** (Kunstwerk) *There were several interesting sculptures in the exhibition.*

***plastic*** PFF — 1. s. oben
2. **Plastikgeld, Kreditkarte** (ugs.) *I never take cash with me when I go shopping; I always use plastic.*

---

**Platz** — 1. ***room*** *There's not enough room in the cupboard for all his clothes.*
2. ***seat*** (Sitzplatz) *There are still seats at the back.*
auch: ***place*** (Örtlichkeit, Stelle, Arbeits~, Studien~), ***space*** (Lücke, Raum, freier ~), ***square*** (öffentlicher ~)

***place*** PFF — 1. s. oben
2. **Haus, Wohnung** *We can have coffee at my place.*
auch: **Rolle, Stellung**

---

**Pleite** — 1. ***bankruptcy*** (WIRTSCH.) *When the economy slows down, the number of bankruptcies increases.*

2. ***flop*** (Reinfall) *The concert was a complete flop; there were only a couple of hundred in the audience.*

***plight*** **Not(lage)** *Everyone was affected by the plight of the earthquake victims.*

---

**plump** 1. ***plump*** (dick, pummelig, mollig) *She was rather plump as a teenager.*
2. ***ungainly, clumsy, awkward*** (unbeholfen) *He was too ungainly to be a good dancer.*
auch: ***tactless, crass, rude, blunt*** (taktlos)

***plump*** PFF s. oben

---

**Police** ***(insurance) policy*** *You should always read the small print in an insurance policy.*

***police*** **Polizei** *He was fined by the police for speeding.*

---

**Politik** 1. ***politics*** (allg.) *She decided to go into politics while she was at university.*
2. ***policy*** (konkrete politische Linie) *The government's policy on unemployment has some advantages.*

***politic*** **(taktisch) klug, diplomatisch** *It would not be politic to refuse to talk to them.*

---

**pompös** 1. ***pretentious, grandiose, ostentatious*** (Dinge) *Their house was too huge and ostentatious for my taste.*
2. ***pompous*** (Schreibstil) *The style in his latest novel is rather pompous.*

***pompous*** PFF 1. **wichtigtuerisch, aufgeblasen** (Personen) *When he talks about his work at the ministry, he becomes very pompous.*
2. s. oben

| | |
|---|---|
| **Pony** | 1. ***pony*** (ZOOL.) *She started horse-riding when she was fifteen, but before that she rode a pony.*<br>2. ***fringe, bangs*** (AE) (Haarstil) *Her fringe was so long it was almost in her eyes.* |
| ***pony*** PFF | s. oben |
| **poppen** | ***screw*** (tabu) *She hated the fact that he used the word "screw" for having sex together.* |
| ***pop*** | 1. **(schnell) gehen, vorbeikommen** (ugs.) *I'm just popping round to my neighbour's for a coffee.*<br>2. **(schnell) hinlegen, -tun, reinstecken** *I'll just pop this bowl into the microwave.*<br>auch: **knallen, platzen** (Luftballon) |
| **Porto** | ***postage*** *Packaging and postage is included in the price.* |
| ***port*** | 1. **Hafen(stadt)** *The ferry sailed into port.*<br>2. **Portwein** *We all had a glass of port after dinner.*<br>auch: **Backbord** (Schiff) |
| **Posten** | 1. ***job, post*** (Stellung) *He will take up his post as headmaster next January.*<br>2. ***item*** (Artikel, Gegenstand, Waren~, Rechnungs~) *The next item for sale is an eighteenth-century table.*<br>auch: ***guard*** (Wacht~) |
| ***post*** PFF | 1. **Post** *I'm expecting an important letter. Has the post arrived yet?*<br>2. s. oben<br>auch: **Pfosten, Pfahl** |
| **prägnant** | ***succinct, pithy, to the point, precise*** *You should try to keep your answers to exam questions as succinct as possible.* |

| | |
|---|---|
| ***pregnant*** | 1. **schwanger** *She's pregnant with their third child.*<br>2. **bedeutungsvoll, gewichtig** (geh.) *After his surprising news, there was a pregnant pause in the conversation.* |

| | |
|---|---|
| **Präservativ** | ***condom*** *The use of condoms provides some protection against HIV.* |
| ***preservative*** | **Konservierungsmittel** *Some preservatives in food can cause allergies.* |

| | |
|---|---|
| **Preis** | 1. ***price*** (Kauf~), ***charge*** (Gebühr), ***fare*** (Fahr~, Flug~) *Food prices are extremely high at the moment.*<br>2. ***prize*** (im Wettbewerb) *He won first prize in a writing competition.* |
| ***price*** PFF | s. oben |
| ***prize*** PFF | s. oben |

| | |
|---|---|
| **probieren** | 1. ***try*** (aus~, versuchen) *That recipe for chocolate cake didn't work; I think I'll try a different one this time.*<br>2. ***taste*** (kosten) *Taste this soup and tell me if it needs more salt.* |
| ***probe*** | 1. **er-, nachforschen** *Should the press probe so deeply into the private lives of politicians?*<br>2. **sondieren** (MED.) *The doctor probed the cut to see how deep it was.* |

| | |
|---|---|
| **Produkt** | 1. ***product*** (Industrieerzeugnis, Geistes~) (MATH., CHEMIE) *Most of the parts are produced abroad, but the final product is assembled in this country.*<br>2. ***produce*** (Natur~) *We buy organic produce from the local farm.*<br>auch: ***result*** (Ergebnis) |
| ***product*** PFF | s. oben |

| | |
|---|---|
| **profan** | 1. ***secular, profane*** (weltlich) *We live in a secular society where religion is a private matter.*<br>2. ***ordinary, trivial*** (gewöhnlich) *We thought we had found some treasure, but the chest was full of ordinary household items.* |
| ***profane*** PFF | 1. s. oben<br>2. **gotteslästerlich, respektlos** *The bishop protested at the profane language used in the play.* |
| **Profil** | 1. ***profile*** (Umriss, Kontur, Seitenansicht) *Daniel has a lovely profile.*<br>2. ***personality, image*** (fig.) *We want to improve the image of our town.*<br>auch: ***tread*** (Reifen~) |
| ***profile*** PFF | 1. s. oben<br>2. **Beschreibung, Porträt** (fig.) *The newspaper article about the candidate included a short profile of his wife.* |
| **profitieren** | ***profit*** *We profited a great deal from the increase in interest rates.* |
| ***profiteer*** | **Profiteur/in, Profithai** *He was the worst kind of war profiteer – making money out of other people's misery.* |
| **Promotion** | 1. ***doctorate, PhD*** (Doktorwürde) *She was awarded her doctorate in history in 1997.*<br>2. ***promotion*** (Förderung, Werbeaktion) *The company has just increased its budget for promotions.* |
| ***promotion*** PFF | 1. **Beförderung** (Karriere) *His promotion meant a higher salary but also longer working hours.*<br>2. s. oben |

**proper** ***neat, trim, (clean/neat and) tidy*** *Everything in the house was neat and tidy.*

***proper*** 1. **richtig, gebührend, angemessen** *I think it's time Chris tried to find a proper job.*
2. **anständig, schicklich** *I'm a member of staff so it wouldn't be proper for me to comment on my boss' remarks.*
auch: **eigentlich** (nachgestelltes Adj.)

**Prospekt** 1. ***brochure, leaflet*** (Werbezettel) *We looked at dozens of holiday brochures before we found what we wanted.*
2. ***prospectus*** (Broschüre für Schulen, Universitäten, Firmen) *The university prospectus included some useful information about facilities and accommodation.*

***prospect*** **Aussicht, Chance auf** *The government has admitted that there is little prospect of all school-leavers finding a job.*

**Protektion** ***patronage*** (Begünstigung) *He enjoyed the minister's patronage and in return supported the party financially.*

***protection*** **Schutz** *This law will increase protection for certain endangered species.*

**Protokoll** 1. ***minutes*** (Sitzungs~), ***record*** (Gerichts~) *Because she was so precise, Jane was always asked to take the minutes of the meeting.*
2. ***statement*** (bei der Polizei) *She made a statement to the police concerning the theft of the documents.*
auch: ***protocol*** (formale Verhaltensregeln, diplomatisches ~, internationales Abkommen)

***protocol*** PFF s. oben

| | |
|---|---|
| **Provision** | ***commission*** *Car salesmen usually work on commission.* |
| ***provision*** | 1. **Bereitstellung, Versorgung** *There is inadequate provision for child care in our area.*<br>2. **Vorkehrung, -sorge** *Has he made provision for an additional pension when he retires?*<br>auch: **Bestimmung** (RECHTSSPR.) |

| | |
|---|---|
| **Prozess** | 1. ***court case, trial*** (RECHTSSPR.) *The defendant has a right to a fair trial.*<br>2. ***process*** (Vorgang) *Praising children even for small achievements helps the learning process.* |
| ***process*** PFF | s. oben |

| | |
|---|---|
| **prozessieren** | ***take legal action, go to court*** *She was so distressed by her neighbours' behaviour that she decided to take legal action.* |
| ***process*** | 1. **verarbeiten** (Roh-, Abfallstoffe, Daten, Information), **behandeln, konservieren** (Lebensmittel) *The fish is processed directly after being caught.*<br>2. **bearbeiten** *It will take several weeks to process your passport application.*<br>auch: **entwickeln** (FILM) |

| | |
|---|---|
| **prüfen** | 1. ***check*** (über~), ***examine*** (untersuchen) *The police checked all the details on his identity card.*<br>2. ***examine, test*** (Test, Klausur) *She will be examined in theories of learning.* |
| ***prove*** | **be-, nachweisen** *The police knew he was guilty, but could not find enough evidence to prove it.* |
| ***proof*** | 1. **Beweis** *Do you have any proof that this man stole your car?* |

2. **Alkoholgehalt** *They were drinking 60 % proof vodka.*

---

**psychisch** — ***psychological, mental*** *Her illness probably has psychological rather than physical causes.*

*psychic* — **übersinnlich, -natürlich** *She always seems to know what I'm going to say. She must have psychic powers.*

---

**Publikum** — 1. ***audience, crowd*** (Sport) *The quiz programme is recorded in front of a live audience.*
2. ***public*** (Fangemeinde von Sängern, Autoren, Schauspielern usw., Fernseh~, Theater~) *As an actor, he is loved and admired by his public.*

*public* PFF — 1. **Öffentlichkeit** *On the whole, the public reacted positively to the non-smoking ban.*
2. s. oben

---

**Pudding** — ***blancmange, pudding*** (AE) *My grandmother always made blancmange for Sunday tea.*

*pudding* PFF — 1. **Nachspeise, -tisch** (ugs.) *I'm afraid it's only fruit salad for pudding.*
2. **süße oder salzige Teigmasse** *Will we have traditional Christmas pudding this year? I love Yorkshire pudding.*
3. s. oben

---

**Puff** — 1. ***nudge*** (Stoß) *Joan gave her husband a gentle nudge every time he started to say something tactless.*
2. ***brothel, bordello*** (Bordell) *She divorced him when she learned of his regular visits to a brothel.*

*puff* — 1. **Zug** (Rauchen), **Puste** (***be out of ~***) *She had a couple of puffs at the cigarette and started to cough.*

| | |
|---|---|
| | 2. **Windstoß, Rauchwolke** *A puff of wind from the door blew the papers off his desk.* |
| ***pouf(fe)*** | **rundes Sitzpolster** *He collapsed into the chair and put his feet up on the pouffe.* |
| **Puffer** | 1. ***buffer*** (Eisenbahn, COMP., auch fig.) *I often had to act as a buffer in conflicts between my boss and another colleague.*<br>2. ***potato fritter*** (Kartoffel~) *Potato fritters are often eaten with apple sauce.* |
| ***puffer*** | **Inhalationsgerät** (ugs. für ***inhaler****) Asthma patients have to make sure not to use puffers too often.* |
| **Pulli** | ***sweater, jumper*** *It will be cool this evening, so we had better take a sweater.* |
| ***pulley*** | **Flaschenzug** *We needed a pulley to lift the heavy blocks of stone.* |
| **pumpen** | 1. ***pump*** (Luft, Wasser) *She realized her bike had a flat tyre and reluctantly began to pump air into it.*<br>2. ***borrow*** (sich etwas ~), ***lend*** (jdm. etwas ~) *Can you lend me 20 pounds, please?* |
| ***pump*** PFF | s. oben |
| **punktuell** | ***selective, certain, isolated*** *The two countries are aiming to work together on certain issues.* |
| ***punctual*** | **pünktlich** *The meeting starts at 9.00 am and I hope everyone will be punctual.* |
| **puzzeln** | ***do a jigsaw (puzzle)*** *She hated doing jigsaw puzzles when she was little.* |
| ***puzzle*** | 1. **irritieren, verwirren** *Her phone call puzzled me and made me anxious.*<br>2. **(herum)rätseln** *We were puzzled as to why he had resigned from his job.* |

# Q

| | |
|---|---|
| **quaken** | ***quack*** (Ente), ***croak*** (Frosch) *As we threw down some bread, the ducks came quacking out of the pond.* |
| ***quake*** | **zittern, beben** *They quaked with fear as he slowly took out a gun.* |

| | |
|---|---|
| **Qualm** | ***smoke*** *Shse found the kitchen full of smoke.* |
| ***qualm*** | **ungutes Gefühl, Bedenken, Gewissensbisse** (***~ of conscience***) *He had no qualms about giving her the job despite her lack of qualifications.* |

| | |
|---|---|
| **quer** | 1. ***crosswise, crossways, diagonal*** (schräg) *If I park diagonally, there will be more room for your car.*<br>2. ***right/straight across*** (quer über) *The path run straight across the slope of the hill.*<br>auch: ***at right angles*** (rechtwinklig) |
| ***queer*** | 1. **schwul** (ugs.) *"Queer" is an offensive word for a homosexual man.*<br>2. **merkwürdig, komisch** (veraltet) *Did you hear the noise next door? There's something queer going on.* |

| | |
|---|---|
| **quellen** | 1. ***pour, gush*** (Flüssigkeiten) *The water pipe had burst and water was gushing out into the cellar.*<br>2. ***swell*** (Holz, Getreide) *Moisture had made the wood swell.*<br>auch: ***soak*** (Erbsen) |
| ***quell*** | 1. **(Aufstand) niederschlagen, unterdrücken** *The police moved in with water cannon to quell the riots.* |

| | |
|---|---|
| | 2. **(Zweifel, Gefühle) unterdrücken** *The improved statistics will do little to quell public anxiety about violent crime.* |
| **quittieren** | 1. ***give a receipt for, sign*** *This letter claims we did not pay for the goods, but fortunately they had given me a receipt.*<br>2. ***resign*** (Dienst ~) *He has decided to resign from the police force.* |
| ***quit*** | 1. **kündigen, schmeißen** (ugs.) *I did not like studying, so I quit university and found a job instead.*<br>2. **aufhören** (AE, ugs.) *Will you quit worrying! Everything's going to be okay.* |
| **Quote** | 1. ***rate, proportion*** (Verhältnismenge), ***share*** (Anteil), ***dividend*** (Gewinnquote), ***ratio*** (Verhältnis) *The unemployment rate seems to be falling at the moment.*<br>2. ***rating*** (Einschaltquote) *There is tremendous competition among chat shows to achieve the highest ratings.* |
| ***quote*** | 1. **Zitat** *He often used quotes from Shakespeare in his speeches.*<br>2. **Kostenvoranschlag** *We have to wait for the builder's quote to see if we can afford to modernize the bathroom.* |

# R

| | |
|---|---|
| **Rabatt** | ***discount*** *They are offering a 20 % discount on all electrical goods this week.* |
| ***rebate*** | **Rückzahlung, -vergütung** *We were thrilled to get a tax rebate of £ 1,000 which we spent on a holiday.* |
| **raffiniert** | 1. ***ingenious, clever*** (klug), ***cunning*** (durchtrieben) *The thieves had devised an ingenious plan for stealing the art treasures.*<br>2. ***refined*** (Öl, Zucker) *A diet containing too much refined sugar is not very healthy.* |
| ***refined*** PFF | 1. **kultiviert, vornehm** *I found her very refined with excellent manners and cultured behaviour.*<br>2. s. oben<br>auch: **verfeinert** (Technik, Prozess) |
| **Rakete** | 1. ***rocket*** (auch Waffe, Feuerwerks~) *The rocket was launched from Cape Canaveral.*<br>2. ***missile*** (Waffe) *Everyone is concerned that more and more countries are developing nuclear missiles.* |
| ***racket*** | 1. **Krach, Lärm** *The neighbours are making an awful racket with that lawn mower.*<br>2. **illegale Machenschaften** (Drogen, Schmuggel, Erpressung) (ugs.) *The police are interviewing those small shop owners who are the victims of a protection racket.*<br>auch: **Schläger** (Tennis, Squash) |
| **rank** | ***slender, slim*** *I saw that with her slender figure she would make an excellent gymnast.* |

| | |
|---|---|
| ***rank*** | 1. **(wild) wuchernd** *The garden was overgrown with rank grass and weeds.*<br>2. **stinkend** *His clothes were rank with the smell of sweat.* |

---

| | |
|---|---|
| **ranken** | ***climb, creep*** *The ivy which had climbed up the walls of the cottage was very thick.* |
| ***rank*** | **rangieren, einstufen, eingestuft werden** *The university ranks as one of the best in the world.* |

---

| | |
|---|---|
| **Rapport** | 1. ***report*** (Bericht) *He was ordered to write a report on the incident for his superior officer.*<br>2. ***rapport*** (harmonisches Verhältnis, guter Kontakt zum Publikum) *Over the years she has developed a very good rapport with her staff.* |
| ***rapport*** PFF | s. oben |

---

| | |
|---|---|
| **rasch** | ***quick, rapid, fast, prompt*** *He made a rapid recovery after such a serious illness.* |
| ***rash*** | **voreilig, vorschnell** *Please don't do anything rash; take your time and consider all the alternatives.* |

---

| | |
|---|---|
| **Rasse** | 1. ***race*** (menschliche ~) *Students of all races, faiths and nationalities are encouraged to apply for a scholarship to the university.*<br>2. ***breed*** (Tiere) *Labradors are my favourite breed of dog.* |
| ***race*** PFF | 1. s. oben<br>2. **Rennen** (Sport) *She has won all her races this season and hopes to win an Olympic medal.* |

---

| | |
|---|---|
| **Rate** | 1. ***instalment*** (Geldbetrag) *You can pay for the car in cash or by monthly instalments.* |

| | |
|---|---|
| | 2. ***rate*** (Geburten~, Wachstums~, Inflations~ usw.) *The head of the European Bank is worried about the rate of inflation.* |
| ***rate*** PFF | 1. **Satz** (Steuer~, Zins~), **Gebühr, Tarif, (Wechsel-)Kurs** *The low interest rates are not likely to encourage saving at the moment.*<br>2. s. oben<br>auch: **Tempo** |
| **raten** | 1. ***advise*** (beraten, einen Rat geben) *His doctor strongly advised him to take more exercise.*<br>2. ***guess*** (erraten, schätzen) *You'll never guess how much I paid for these shoes!* |
| ***rate*** | 1. **einschätzen, bewerten, einstufen** *Sue has just been promoted, so her boss must rate her very highly.*<br>2. **gut finden** (ugs.) *Did you like the film? I didn't rate it myself.*<br>auch: **verdienen** (Dank) |
| **Ratio** | ***reason, power of reasoning*** *When judging people and situations, you should try to use reason rather than feelings.* |
| ***ratio*** | **Verhältnis** (MATH., WIRTSCH.) *The average ratio of teachers to pupils in a class is one to thirty.* |
| **rechnen** | 1. ***do sums/arithmetic*** (Schule), ***calculate*** *I could never do sums at school.*<br>2. ***allow*** (veranschlagen), ***reckon with*** (~ mit, zählen auf) *We'll have to allow three days for the journey.* |
| ***reckon*** PFF | 1. **schätzen, glauben, davon ausgehen** *We reckon that we will reach an agreement by the end of the week.*<br>2. s. oben |

| | |
|---|---|
| **Recorder** | ***tape/cassette/video/DVD recorder*** *Have you programmed the video recorder to record to-night's film?* |
| ***recorder*** PFF | 1. **Blockflöte** *She plays the recorder in the school orchestra.*<br>2. s. oben |
| **reell** | 1. ***real, realistic*** (Chance) *Do you think our team has a real chance of winning the compe-tition?*<br>2. ***fair*** (Preise, Geschäft) *They've offered us a fair price for our house and I think we'll ac-cept it.* |
| ***real*** PFF | 1. **wirklich** *He gave us a lot of explanations for loving his job, but what was the real reason?*<br>2. **echt** (Gold, Gefühl usw.) *I like your ring. Is that a real diamond?*<br>3. s. oben |
| **referieren** | 1. ***give a lecture/talk*** (Vortrag, Vorlesung), ***give/read a paper*** (wissenschaftliche Ab-handlung) *The guest speaker is giving a talk on modern British politics.*<br>2. ***(present/give a) report*** (berichten) *We will present our report to the committee as soon as we have all the results.* |
| ***refer*** | 1. **sprechen von, etwas erwähnen** *During his talk, he referred several times to his travels abroad.*<br>**2. ver-, hinweisen auf** *These figures refer to the unemployment situation last year.* |
| **Reise** | 1. ***journey, trip, voyage*** (See~) *The journey from London to Paris is now much shorter thanks to the Channel Tunnel.*<br>2. ***tour*** (Rund~, Besichtigungs~) *We went on a tour of the pyramids.* |

*rise* 1. **Anstieg, Erhöhung** *There has been a sharp rise in food prices recently.*
2. **Lohnerhöhung** (AE ***raise***) *The union has negotiated a 4 % pay rise.*
auch: **Aufstieg** (fig.), **Aufgang** (Sonne)

---

**reklamieren** 1. ***make a complaint, complain, query*** (sich beschweren) *This telephone bill doesn't seem correct. I'll have to query it.*
2. ***appeal, protest*** (fordern) *The players appealed for off-side, but the referee allowed the goal.*

*reclaim* 1. **zurückfordern, -holen** *We should be able to reclaim some income tax this year.*
2. **(wieder)gewinnen** (Land ~) (TECHN., CHEMIE) *The Netherlands have successfully reclaimed land from the sea.*

---

**reif** ***ripe*** (auch fig.) *Those apples aren't ripe yet.*

*rife* **weit verbreitet** (neg.) *Violent crime is rife in our inner cities.*

---

**Rektor/in** 1. ***head (teacher), head*(*master/-mistress*), *principal*** (AE) (Schule) *The head at my primary school was very strict.*
2. ***vice-chancellor, president*** (AE) (Universität), ***rector*** (in einigen Universitäten, Colleges, Schulen) *The vice-chancellor is responsible for academic and administrative matters.*

***rector*** PFF 1. **Pfarrer/in** (anglikanische Kirche) *The rector is responsible for this parish.*
2. s. oben

---

**Relation** 1. ***relation*** (Beziehung) *There is a definite relation between obesity and ill health.*
2. ***ratio*** (Verhältnis) (MATH.) *What is the ratio of men to women in executive positions?*

| | |
|---|---|
| ***relation*** PFF | 1. **Verwandte/r** *She wants to invite all her relations to the wedding.*<br>2. s. oben |
| **rentabel** | ***profitable, lucrative*** *The new branch of his shop in the high street has proved to be very profitable.* |
| ***rentable*** | **(ver)mietbar** *The newly-built flats in our street are easily rentable.* |
| **Rente** | 1. ***pension*** *He retires next year and then he can start drawing his state pension.*<br>2. ***annuity*** (aus Versicherung) *The amount of his annuity is very high.* |
| ***rent*** | **Miete, Pacht** *They pay £ 450 a month rent for a tiny house.* |
| **rentieren** | ***pay, be worth it*** *If the shop doesn't start to pay soon, we'll have to sell it.* |
| ***rent*** | **mieten, pachten** *We're going to rent a holiday apartment this year.* |
| **requirieren** | ***requisition, commandeer*** (MILIT.) *The army had requisitioned the hotel to accommodate troops and officers.* |
| ***require*** | 1. **brauchen, benötigen** *If you require any more information, do not hesitate to get in touch with us.*<br>2. **verlangen, erfordern** *Starting up a new business requires a lot of commitment.* |
| **resignieren** | ***give up, resign*** (sich fügen, aufgeben) *He tried to find a job for months and months but finally just gave up.* |
| ***resign*** PFF | 1. **zurücktreten, Amt niederlegen** *After the scandal, he was forced to resign from his post as managing director.*<br>2. s. oben |

---

**Ressort** 1. ***department*** (Abteilung) *He works in the finance department.*
2. ***(area of) responsibility, province*** (Aufgabenbereich) *He works in a bank and his responsibility is for applications for loans.*

***resort*** 1. **Urlaubsort, Kurort** (***health ~***), **Badeort** (***seaside ~***) *We stayed at a beautiful resort on the Adriatic coast.*
2. **Ausweg, Zuflucht, Mittel** *Military action should be the last resort when all other means of solving the conflict have failed.*

---

**Rest** 1. ***rest*** *I've done some of the work and I'll finish the rest tomorrow.*
2. ***little bit*** (kleiner Rest) *We've eaten all the cake except for this little bit.*
auch: ***leftovers*** (Essen), ***remainder*** (MATH.), ***residue*** (CHEMIE, RECHTSSPR., TECHN.)

***rest*** PFF 1. **Ruhepause** *You look really tired. Why don't you take a rest?*
2. **Stütze, Lehne** (in Zus.) *She leaned her head against the headrest and fell asleep.*
3. s. oben

---

**restlos** ***completely, totally*** *I'm afraid I couldn't get any tickets; the concert is completely sold out.*

***restless*** **rastlos, unruhig** *After 10 years doing the same job, she was starting to feel restless.*

---

**revidieren** 1. ***revise*** (ändern, überarbeiten) *We'll have to revise the text to take account of this new information.*
2. ***reverse*** (Entscheidung) *The Appeal Court reversed her conviction and she was released from prison.*
auch: ***correct*** (Fehler)

***revise*** PFF — 1. **lernen, wiederholen** (Lehrstoff) *John is upstairs revising for his maths exam on Monday.*
2. s. oben

---

**Rezept** — 1. ***prescription*** (MED.) *The doctor has given her a prescription for antibiotics.*
2. ***recipe*** (Koch~, Anleitung) *His new cookery book contains simple recipes.*
auch: ***cure, formula, remedy*** (fig.)

***receipt*** — **Quittung** *You should always keep the receipt in case you want to return goods to the shop.*

---

**riechen** — ***smell*** *I can smell the meat roasting in the oven.*

***reek*** — **stinken** *He had obviously been drinking because he reeked of alcohol.*

---

**Rinde** — 1. ***bark*** (Baum) *The bark of this tree is a source of certain substances used in medicaments.*
2. ***rind*** (Käse, Speck, Orangen-, Zitronenschale) *Remember that you can't eat the rind of this cheese.*
auch: ***crust*** (Brot)

***rind*** PFF — s. oben

---

**ringen** — 1. ***wrestle*** (auch fig.) *Wrestling has become a popular spectator sport.*
2. ***struggle*** (kämpfen) *People are struggling for survival in the poorest parts of the world.*

***ring*** — 1. **klingeln, läuten, klingen** *The bell rang at the end of the lesson.*
2. **anrufen** *I wanted to ring you, but I couldn't find your number.*

| | |
|---|---|
| **robben** | ***crawl*** (MILIT.) *The soldiers crawled through the thick undergrowth.* |
| ***rob*** | **überfallen, (be)rauben** *They robbed a bank and got away with £ 2 million.* |
| **Rock** | ***skirt*** *Their traditional costumes consisted of white blouses and long flowing skirts.* |
| ***rock*** | 1. **Felsen, Stein** *We drove through a bare desert landscape with impressive rock formations.*<br>2. **Zuckerstange** *Eating a stick of rock was always part of seaside holidays for the children.* |
| **Roller** | ***scooter*** (Kinder~, Motor~) *Scooters may be convenient, but in some places their engines are very loud.* |
| ***roller*** | **Lockenwickler** (AE ***curler***) *She was horrified when the door-bell rang because her hair was in rollers.* |
| **Roman** | ***novel*** *His so-called science fiction novels deal with issues which may soon become reality.* |
| ***Roman*** | **Römer/in, römisch, in Bezug auf Rom** *We are very interested in the Roman remains in the north of England.* |
| ***roman*** | **Antiqua** (Schriftart) *This sentence should have been written in roman font.* |
| **romanisch** | 1. ***Romance, Romanic*** (Sprache, Herkunft) *He's studying Romance languages – French and Spanish, I think.*<br>2. ***Romanesque*** (Baustil) *We visited the remains of the 11th century Romanesque church.* |
| ***Romanic*** PFF | s. oben |

| | |
|---|---|
| **Romantik** | 1. ***(Age of) Romanticism, Romantic period*** *Beethoven and Chopin are typical composers of the Romantic period.*<br>2. ***romance*** (Gefühl, Stimmung) *He's very realistic and down to earth and has no sense of romance.* |
| ***romantic*** | 1. **Romantiker/in** *Although he worked in a bank, he was a romantic at heart and dreamed of travel and adventure.*<br>2. **romantisch** *He was always so romantic – buying her flowers and arranging candlelight dinners.* |
| **Ruder** | 1. ***oar*** *The Oxford boat crew pulled hard on their oars and managed to overtake Cambridge.*<br>2. ***rudder*** (Steuer~) *He took the rudder and steered the boat into harbour.* |
| ***rudder*** PFF | s. oben |
| **Rückseite** | ***back, reverse*** (Münze) *He jotted down his telephone number on the back of an envelope.* |
| ***backside*** | **Hintern** (ugs.) *He aimed a kick at the goal, but missed the ball and fell on his backside.* |
| **Ruf** | 1. ***call*** (Signal, Aufruf), ***shout*** (Schrei) *There have been calls for the Prime Minister to resign.*<br>2. ***reputation*** (Ansehen) *He is worried about his reputation because of the negative publicity about his private life.*<br>3. ***(offer of a) chair*** (Berufung auf einen Lehrstuhl) *He has been appointed to the chair of philosophy at Cambridge.* |
| ***roof*** | **Dach** *The rain was coming through the roof because some tiles were missing.* |

**rüffeln** — ***tell off, tick off*** (BE) *My dad told me off for being late for school again.*

***ruffle*** — 1. **kräuseln, zerzausen** *The light summer breeze ruffled her hair.*
2. **verärgern** *I did not allow his criticism to ruffle me.*

---

**rumoren** — 1. ***bang about, make a noise*** *Listen! Someone is banging about next door.*
2. ***rumble*** (Magen) *My stomach's rumbling – I must be hungry.*
auch: ***there is growing unrest*** (Unruhen)

***rumour*** — **es geht das Gerücht, man munkelt** *It was rumoured that Jim had won a lot of money.*

---

**Rumpf** — 1. ***trunk, torso*** (~ eines Menschen, Torso einer Statue) *This exercise will help to strengthen your torso.*
2. ***hull*** (Schiffs~), ***fuselage*** (Flugzeug~) *The ship ran aground on the rocks and the hull was severely damaged.*

***rump*** — 1. **Hinterbacken** (Tier), **Hinterteil, Po** (ugs.) *He patted her affectionately on her rump.*
2. **kläglicher Rest** (einer Gruppe, der Regierung) *The rump of the party does still have some influence.*

---

**rüsten** — 1. ***arm*** *We should try to find out who is arming the terrorists.*
2. ***prepare for, get ready*** (sich ~) *She's preparing for the meeting by reading all the relevant background information.*

***rust*** — **(ein)rosten, verrosten** *Some of the iron supports of the bridge had rusted and were no longer safe.*

| | |
|---|---|
| **rüstig** | ***sprightly*** *She was very sprightly – still driving at the age of 85.* |
| ***rusty*** | **rostig** (auch fig.) *He pulled out the rusty old iron nails and replaced them with copper ones.* |

# S

| | |
|---|---|
| **Säbel** | ***sabre, saber*** (AE) *He won a gold medal in the sabre discipline.* |
| *sable* | **Zobel** *She wore a full-length sable fur coat.* |

| | |
|---|---|
| **Salat** | 1. ***salad*** (Gericht, Beilage) *Would you like a green salad or a mixed salad with your meal?*<br>2. ***lettuce*** (Kopf~) *Could I have two lettuces, please?* |
| ***salad*** PFF | s. oben |

| | |
|---|---|
| **Salon** | 1. ***drawing room*** (geh.) *The guests admired the paintings and furnishings in the elaborate drawing room.*<br>2. ***salon*** (Kosmetik~, Friseur~, Schönheits~, Mode~, Auto~) *Have you seen the expensive hair salon that's opened in the high street?*<br>auch: ***saloon*** (Schiffssalon, -saal) |
| ***saloon*** PFF | 1. **Limousine** (AE ***sedan***) *We drive an ordinary family four-door saloon.*<br>2. **Bar** (AE, veraltet) *Everyone stopped talking when the sheriff walked into the saloon.* |
| ***salon*** PFF | s. oben |

| | |
|---|---|
| **sauber** | 1. ***clean*** *There are some clean towels in the cupboard.*<br>2. ***neat*** (ordentlich) *I glanced at the letter and recognized Deborah's neat handwriting.* |
| *sober* | 1. **nüchtern** *Fortunately, he was still sober so he was able to drive the others home.*<br>2. **ernst, solide** *He's a sober, intelligent reliable sort of person.* |

**Sauce** — 1. ***sauce*** (süße und pikante Saucen) *Our favourite meal is spaghetti with tomato sauce.*
2. ***gravy*** (Braten~) *I like to eat my meat with plenty of gravy.*
auch: ***dressing*** (Salat~)

***sauce*** PFF — s. oben

---

**sauer** — 1. ***sour*** (nicht süß, verdorben), ***tart*** (Obst), ***acid*** (Wein, Regen), ***pickled*** (in Essig eingelegt) *It must have been very hot because the milk has turned sour.*
2. ***annoyed, mad, cross*** (verärgert) (BE) *My mum will be really cross when she finds out about this broken vase.*

***sour*** PFF — 1. s. oben
2. **griesgrämig, verdrießlich, säuerlich** *I'm afraid she always has that sour expression on her face.*

---

**schade** — ***shame, pity*** *It's really a pity that you can't come to my birthday party.*

***shade*** — 1. **Schatten** (schattiger Ort/Platz) *It's over 30° in the shade.*
2. **Schattierung** (Farben) *She always wears very pale pastel shades.*
auch: **Lampenschirm** (***lamp~***)

---

**Schal** — ***scarf*** *He always wore a red woollen scarf in winter.*

***shawl*** — **Schulter-, Umhängetuch** *The evening air was cool, and she draped the shawl around her shoulders.*

---

**Scham** — 1. ***shame*** *I feel great shame when I think of how I spoke to him.*
2. ***genitals***, ***private parts*** (~teile) *A fig-leaf is*

| | |
|---|---|
| | *sometimes used in sculpture to cover the genitals of a naked body.* |
| ***shame*** PFF | 1. s. oben<br>2. **Schande** *To my shame, I realized that it was my mistake.*<br>auch: **schade** (***It's a shame***) |

| | |
|---|---|
| **scharf** | 1. ***hot, spicy*** (Essen) *Indian food may be very spicy.*<br>2. ***sharp*** (Messer, Kante, Ton, Verstand, Kurve) *When he disapproved of something, his tone could be very sharp.*<br>auch: ***intent on, eager to, keen on*** (~ auf) (BE), ***strong*** (Protest), ***live*** (Munition) |
| ***sharp*** PFF | 1. s. oben<br>2. **plötzlich, heftig** *There has been a sharp rise in the demand for organic produce.* |

| | |
|---|---|
| **Schatten** | 1. ***shade*** (schattiger Ort/Platz, Farbschattierung) *He sat in the shade of an old oak tree.*<br>2. ***shadow*** (Umriss, auch fig.) *As the day wore on, our shadows grew longer.* |
| ***shade*** PFF | s. oben |

| | |
|---|---|
| **Schauer** | 1. ***shower*** (Regen~) *They are forecasting showers for tomorrow.*<br>2. ***shiver, shudder*** (Schauder) *The horror film sent shivers down my spine.* |
| ***shower*** PFF | 1. s. oben<br>2. **Dusche** *I'd just started taking a shower when the phone rang.* |

| | |
|---|---|
| **Schellfisch** | ***haddock*** *Haddock and chips is a popular British dish.* |
| ***shellfish*** | **Krusten-, Schalentier, Meeresfrüchte** *Lobster is her favourite kind of shellfish.* |

| | |
|---|---|
| **Schema** | 1. ***pattern, system, format*** (Muster) *The training course doesn't have to follow a fixed pattern.*<br>2. ***diagram*** (Zeichnung) *The plumber needed a diagram of the heating system.* |
| ***scheme*** | 1. **Programm, Projekt** (BE) *This new training scheme is meant to help young people gain computer skills.*<br>2. **(raffinierter) Plan, Intrige** *The scheme encouraged people to invest money in dubious property deals.*<br>auch: **Organisationssystem** (Ideen, Informationen) |
| **Schiene** | ***rail, track*** (Bahn~) *More goods should be transported by rail.* |
| ***shine*** | ***Glanz*** (von Flächen, Schuhen, Haar) *Her hair seems to have lost its shine.* |
| ***sheen*** | **(weicher) Glanz** (Seide, Perlen, Stoff) *Her elegant satin dress had a lovely golden sheen.* |
| **Schiff** | 1. ***ship*** *We travelled around the Mediterranean on a cruise ship.*<br>2. ***nave*** (Kirchen~) *The beautiful stained-glass window above the altar lit up the nave.* |
| ***ship*** PFF | s. oben |
| **Schikane** | 1. ***harassment, bullying*** (Mobbing) *She has been complaining of harassment at work.*<br>2. ***chicane*** (Rennsport) *I don't know how popular chicanes are with racing drivers.* |
| ***chicane*** PFF | s. oben |
| **Schild** | 1. ***sign*** (Hinweis, Warn~, Straßen~, Verkehrs~) *Look! There's a sign pointing to the museum.*<br>2. ***shield*** (Schutz~) *The police, carrying riot shields, faced the demonstrators.* |

| | |
|---|---|
| | auch: ***plaque*** (Tafel), ***plate*** (Nummern~, Namens~), ***label*** (Etikett) |
| ***shield*** PFF | s. oben |

---

| | |
|---|---|
| **Schlappe** | ***setback, defeat*** (Niederlage) *Losing the vote in parliament was a major setback for the party.* |
| ***slap*** | 1. **Schlag, Klaps** *She was furious and gave him a hard slap on the cheek.*<br>2. **Make-up** (ugs.) *I don't usually wear much slap.* |

---

| | |
|---|---|
| **schlicht** | ***simple, plain*** *She wore a simple gold chain around her neck.* |
| ***slight*** | 1. **geringfügig, klein** *I'm afraid we have a slight problem.*<br>2. **schmächtig** *She was a slight woman with delicate-looking features.* |

---

| | |
|---|---|
| **schlimm** | ***bad, nasty*** (Erkältung, Wunde), ***wicked*** (verwerflich) *She's got a really bad cold.* |
| ***slim*** | 1. **schlank** *She's looking slimmer, I wonder if she has lost weight.*<br>2. **gering, klein** (Chance, Hoffnung) *There's still a slim chance that they may win the championship.* |

---

| | |
|---|---|
| **schlingen** | 1. ***bolt one's food, gobble*** (gierig essen, runter~) (ugs.) *He didn't have much time so he was gobbling down his lunch.*<br>2. ***wrap*** (um~, legen) *He wrapped his arms around her and kissed her passionately.* |
| ***sling*** | 1. **werfen, schmeißen** (ugs.) *Pete slung his rucksack into the corner.*<br>2. **umhängen** *He slung his jacket over his shoulders and headed for the pub.* |

---

| | |
|---|---|
| **schmal** | 1. ***narrow, thin*** (dünn) *The narrow lane was just wide enough for our car.*<br>2. ***limited*** (begrenzt) *We only have a limited budget for the project.* |
| ***small*** | **klein, wenig, gering** *She found looking after three small children exhausting.* |
| **schmecken** | ***taste*** *This ice cream tastes delicious.* |
| ***smack*** | 1. **riechen nach** (fig.) *This whole campaign smacks of corruption.*<br>2. **einen Klaps geben, leicht schlagen** *Most people now think it is wrong to smack children.* |
| **schmelzen** | 1. ***melt*** *Environmentalists are worried about Arctic ice melting.*<br>2. ***smelt*** (Eisen, Erz) *He worked in an iron-smelting factory for years.* |
| ***smelt*** PFF | s. oben |
| **schmieren** | 1. ***lubricate, grease*** (fetten), ***oil*** (ölen) *You need to lubricate this machine regularly.*<br>2. ***spread*** (streichen) *I'll spread butter on the bread for you to make the sandwiches.*<br>auch: ***bribe*** (bestechen) |
| ***smear*** | 1. **auf etwas schmieren, verschmieren** *The children had smeared paint all over their bedroom wall.*<br>2. **verleumden** *The article was an attempt to smear the reputation of the left-wing candidate.* |
| **schnappen** | 1. ***grab*** (an sich reißen), ***snatch*** (wegreißen) *He grabbed the books from the table and ran out of the room.*<br>2. ***catch*** (festnehmen) *The thieves were caught trying to sell the stolen goods.* |

| | |
|---|---|
| | auch: ***snap*** (nach etwas ~), ***gasp for air*** (nach Luft ~) |
| ***snap*** PFF | 1. **auseinander-, zerbrechen** *As we walked through the dry forest, the twigs snapped under our feet.*<br>2. **anschnauzen** *"What have you done now?" he snapped.*<br>3. s. oben<br>auch: **mit den Fingern schnipsen, etwas einschnappen lassen** |

---

| | |
|---|---|
| **Schnecke** | ***snail*** *One dish on the menu was snails with garlic sauce.* |
| ***snake*** | **Schlange** *If you get bitten by a snake, you need an antidote as soon as possible.* |
| ***snack*** | **Imbiss** *We can have a quick snack after the concert.* |

---

| | |
|---|---|
| **Scholle** | 1. ***plaice*** (Fisch) *These days, fishermen are no longer catching enough plaice in the North Sea.*<br>2. ***floe*** (Eis~) *From the ship we could see seals basking in the sun on the ice floes.*<br>auch: ***native soil*** (Heimaterde), ***land*** (Boden) |
| ***shoal*** | 1. **Schwarm** (Fische) *The divers were surrounded by shoals of brightly coloured fish.*<br>2. **Sandbank** *Fishing vessels have to know the exact position of shoals.* |

---

| | |
|---|---|
| **schwärmen** | 1. ***enthuse/rave about*** (vom jdm./etwas ~), ***be crazy/mad about/on*** (für jdn./etwas ~) *He's crazy about Manchester United.*<br>2. ***swarm*** (aus~, hinströmen) *The tourists swarmed into the museum.* |
| ***swarm*** PFF | s. oben |

---

**schwanken** 1. ***sway, rock*** (hin- und herschwingen), ***stagger*** (torkeln) *The branches of the trees swayed in the wind.*
2. ***vary, fluctuate*** (Kurse, Preise, Messwerte, Temperatur usw.) *The price of petrol varies depending on how much oil is produced.*
auch: ***vacillate*** (unsicher sein)

***swank*** **angeben, protzen** (BE, veraltet) *They're always swanking about being so rich that they don't need to work.*

---

**schwimmen** 1. ***swim*** *The children go swimming every Saturday.*
2. ***float*** (auf dem Wasser schwimmen/treiben) *A lot of branches were floating down the river.*

***swim*** PFF s. oben

---

**Schwindel** 1. ***dizziness*** (~gefühl), ***vertigo*** (fachspr.) *Some time after the fall she was still suffering from headaches and dizziness.*
2. ***swindle, fraud*** (Betrug) *The company was involved in a swindle to cheat investors out of their money.*

***swindle*** PFF s. oben

---

**schwingen** 1. ***swing*** *She walked along swinging her bag to and fro.*
2. ***wave*** (Fahne, Tuch, Stock) *The onlookers waved flags as the procession passed.*
auch: ***vibrate*** (vibrieren)

***swing*** PFF 1. s. oben
2. **(um)schwenken** *The mood of the electorate was swinging in the Democrats' favour.*
auch: **schaukeln** (spielen), **einen schwungvollen Rhythmus haben** (MUSIK)

| | |
|---|---|
| **See** | 1. ***lake*** (der ~) *We spent an hour walking round the lake.*<br>2. ***sea*** (die ~), ***ocean*** *We live near the sea.* |
| ***see*** | **sehen** *Look! I can see the sea.* |
| **Seite** | 1. ***side*** *In the UK they drive on the left-hand side of the road.*<br>2. ***page*** (Buch~) *How many pages of the book have you read?* |
| ***site*** | 1. **Platz, Ort, Lage, Stätte** *Three sites have been chosen for redevelopment.*<br>2. **(Bau-)Stelle** *The machines will be assembled on site.*<br>auch: **Campingplatz** (***camping ~***) |
| **Sekret** | ***secretion*** *What do you know about the secretion of hormones?* |
| ***secret*** | **Geheimnis** *He was accused of passing military secrets to the enemy.* |
| **Sekt** | ***sparkling wine*** *They drank sparkling wine at the wedding.* |
| ***sect*** | **Sekte** *Young vulnerable people are often attracted by religious sects.* |
| **selbstbewusst** | ***(self-)confident, self-assured, self-assertive*** *In time, he became a very self-confident speaker.* |
| ***self-conscious*** | **befangen, gehemmt** *Adolescents are frequently self-conscious about their appearance.* |
| **Seminar** | 1. ***seminar*** (Lehrveranstaltung) *We have a lot of reading to do for our weekly seminar.*<br>2. ***department, institute*** (Institut) *She holds a professorship in the department of law.*<br>auch: ***seminary*** (Priester~) |
| ***seminar*** PFF | s. oben |

**Sender** 1. ***radio station, television channel/station*** *Which channel broadcasts sport?*
2. ***transmitter*** (Sendeanlage) *There was some interference on TV because of a fault in the transmitter.*

***sender*** **Absender/in** *The address of the sender must be written on the parcel.*

---

**sensibel** ***sensitive*** *She's very sensitive and easily upset by criticism.*

***sensible*** **vernünftig, praktisch** *She's very sensible and won't spend money unnecessarily.*

---

**seriös** ***respectable*** (anständig), ***reputable*** (angesehen) *You should only buy used cars from reputable dealers.*

***serious*** **ernst, ernsthaft** *Fortunately, his illness isn't really serious.*

---

**Shakehands** ***shake hands*** (Hände schütteln) *They signed the contract, shook hands and drank a glass of champagne.*

****shakehands*** Ø

---

**Showmaster/in** ***(show) host, compère, presenter, emcee/ MC*** (AE) *He's the host of a live radio phone-in.*

****showmaster*** Ø

---

**Sicht** 1. ***view*** (Aussicht, Betrachtungsweise) *The general view at the meeting was that the hospital should be built.*
2. ***visibility*** (Sichtverhältnisse) *Poor visibility made landing the plane difficult.*
auch: ***sight*** (Sichtweite)

***sight*** PFF 1. **Sehvermögen** *He needed the operation to save his sight.*

| | |
|---|---|
| | 2. **Anblick** *Just the sight of him made her blood boil.*<br>3. s. oben |
| **Sinus** | 1. ***sine*** (MATH.) *Production in the last fifteen years takes the shape of a sine wave.*<br>2. ***sinus*** (Nasennebenhöhle) (MED.) *Her cold has turned into a sinus infection.* |
| ***sinus*** PFF | s. oben |
| **Skooter** | ***dodgems, bumper car*** *The dodgems is my son's favourite ride at the fair.* |
| ***scooter*** | **Kinder-, Motorroller** *My daughter loves to ride her scooter in the park.* |
| **skrupellos** | ***unscrupulous*** *The owner of the business was unscrupulous and continually exploited his workers.* |
| ***scrupulous*** | **gewissenhaft** *We will maintain scrupulous honesty in handling our clients' money.* |
| **skurril** | 1. ***bizarre*** (seltsam), ***grotesque, peculiar*** (exzentrisch) *His behaviour is sometimes very peculiar.*<br>2. ***droll, farcical, comical*** (ulkig) *His droll remarks always amused and surprised us.* |
| ***scurrilous*** | 1. **verleumderisch, ehrenrührig** *The scurrilous attacks on him in the press greatly damaged his career.*<br>2. **unanständig, obszön, zotig** *The team was so drunk that they started singing scurrilous songs.* |
| **Slip** | ***(a pair of) briefs/pants*** (BE), ***(a pair of) underpants*** (AE), ***panties*** (für Frauen) *While he was shopping for clothes, he bought himself some vests and pants.* |

***slip*** — 1. **Ausrutscher, Schnitzer** *His piano recital went well, except for a very few slips.*
2. **Zettel** *I wrote the address on a slip of paper, but I've lost it.*
auch: **Unterrock**

---

**Slipper** — ***slip-on (shoe)*** *He always wore slip-ons because he couldn't be bothered to tie shoelaces.*

***slipper*** — **Hausschuh** *She took off her high-heeled shoes and slid her feet into her slippers.*

---

**Smoking** — ***dinner jacket*** (BE), ***tux(edo)*** (AE) *It was a very formal event and the men had to wear dinner jackets.*

***smoking*** — **Rauchen** *When did he give up smoking?*

---

**so was** — 1. ***s.th. like this/that*** (eine solche Sache) *What a film! I've never seen anything like that before.*
2. ***well I never!, well, well!*** (Ausruf) *So they're getting married at last. Well I never!*

***so what*** — **Na und!** *A: Your desk is a real mess. B: So what!*

---

**Sole** — ***brine*** *We bought a tin of tuna fish in brine.*

***sole*** — 1. **Fußsohle** *The soles of her feet hurt from walking over the rocks.*
2. **Schuhsohle** *There was chewing gum stuck to the sole of my shoe.*
auch: **Seezunge**

---

**solide** — 1. ***solid*** (stabil, haltbar) *Some of the more solid buildings withstood the earthquake.*
2. ***reliable, sound, reputable, respectable*** (seriös) *We invested our money with a reputable bank.*

***solid*** PFF — 1. **fest, hart** *She couldn't eat solid food for some time after her infection.*

2. **massiv** (ganz aus dem gleichen Material bestehend) *Her necklace was made of solid gold.*
3. s. oben

---

**sorglos** 1. ***carefree, without worries*** (ohne Sorgen) *She relaxed listening to the children's carefree laughter.*
2. ***careless*** (unachtsam) *We must change our present careless attitude towards the environment.*

***careless*** PFF s. oben

---

**souverän** 1. ***sovereign*** (POLITIK) *We cannot interfere in the affairs of other sovereign states.*
2. ***self-assured*** (selbstsicher), ***convincing*** (überzeugend) *She's a self-assured speaker.*

***sovereign*** PFF s. oben

---

**spannen** 1. ***tighten*** (straffen), ***stretch*** (dehnen) *He tightened the strings of his guitar.*
2. ***flex, tense*** (Muskeln) *He did sit-ups tensing his abdominal muscles.*
auch: ***clamp*** (festklemmen), ***be (too) tight*** (Kleidung)

***span*** 1. **umfassen, sich erstrecken** *His political career spans 40 years.*
2. **überspannen** (Brücke) *The bridge spans the River Severn.*

---

**Spanner** 1. ***shoe tree*** (Schuh~) *He keeps his shoes in shape with shoe trees.*
2. ***peeping Tom*** (Voyeur) *People accused him of being a peeping Tom.*
auch: ***press*** (für Tennisschläger)

***spanner*** **Schraubenschlüssel** (AE ***wrench***) *He tightened the nut with a spanner.*

| | |
|---|---|
| **sparen** | 1. ***save*** *Saving energy is vital for the good of the environment.*<br>2. ***economize*** (sich einschränken) *Prices are so high that we must try to economize.* |
| ***spare*** | 1. **entbehren, übrig haben** *Can you spare a couple of hours next week?*<br>2. **(ver)schonen** *The flood victims lost their homes, but at least their lives were spared.*<br>auch: **zusätzlich, übrig, Ersatz…** |
| **Speck** | 1. ***bacon*** *I never have bacon and eggs for breakfast.*<br>2. ***fat, flab*** (Körperfett) (ugs.) *He had an unattractive roll of flab round his waist.* |
| ***speck*** | **kleiner Fleck, kleiner Punkt, Flocke, (Staub-)Körnchen** *The house was very clean with not a speck of dust anywhere.* |
| **Speer** | 1. ***javelin*** (Sport) *How far did he throw the javelin in the last competition?*<br>2. ***spear*** (Waffe) *Spears and other weapons were discovered at the archaeological site.* |
| ***spear*** PFF | s. oben |
| **spendabel** | ***generous*** *It was very generous of him to invite us to such an expensive restaurant.* |
| ***spendable*** | **verfügbar** (Geld) *How much spendable income does he have?* |
| **spenden** | ***donate, contribute, give*** *Some companies regularly donate money to charitable organizations.* |
| ***spend*** | 1. **ausgeben** *They spend a large proportion of their income on food.*<br>2. **verbringen** (Urlaub, Zeit) *We missed the plane and had to spend the night in a hotel.* |

**Spender/in** 1. ***donor, contributor*** *The museum has received a lot of money from private donors.*
2. ***dispenser*** (Automat, Behälter) *She turned on the tap and pressed the soap dispenser which, as usual, was empty.*

***spender*** **ein Mensch, der viel Geld ausgibt** *Really big spenders are to be found in the City of London.*

---

**spendieren** ***buy/get s.o. s.th., treat s.o. to s.th.*** (verwöhnen) *He treated her to a weekend in a country hotel.*

***spend/spender*** s. oben

---

**Spiel** 1. ***play*** (Spielen) *It is vital for children to have enough time for play.*
2. ***game, match*** (Wettkampf) *He scored the winning goal in the match.*
auch: **Spielraum** (***play***) (TECHN.)

***spiel*** **abgedroschene (Verkaufs-)Rede, Geschwafel** *The estate agent delivered his spiel about the house we were viewing.*

---

**Spleen** ***strange/crazy/eccentric habit, whim, quirk*** *His behaviour seemed strange, but it was just one of his quirks.*

***spleen*** 1. **Milz** *The broken rib had damaged his spleen.*
2. **Wut, Ärger** (geh.) *The voters used the election to vent their spleen against the government.*

---

**Spötter/in** ***mocker, cynic, satirist*** *He had a reputation as a political satirist.*

***spotter*** 1. **Beobachter/in von Zügen, Flugzeugen** usw. *People often make fun of train spotters.*
2. **Talentsucher/in** (***talent ~***) *She was discovered by a talent spotter.*

| | |
|---|---|
| **Spot** | 1. ***commercial*** (Werbe~) *His first acting job was in a coffee commercial.*<br>2. ***spotlight*** (Scheinwerfer) *The spotlight lit up the stage.* |
| ***spot*** | 1. **Ort, Stelle, Platz** *She carried her rug to the sunny spot in the garden.*<br>2. **Punkt, Tupfen** *Dalmatians are white with black or brown spots.*<br>auch: **Fleck, Pickel, kleine Menge** |

| | |
|---|---|
| **Spott** | ***mockery, ridicule, scorn*** (Hohn) *Children really fear ridicule from their peers.* |
| ***spot*** | s. oben |

| | |
|---|---|
| **Sprecher/in** | 1. ***speaker*** (allg., Redner/in), ***announcer*** (Radio-, TV-Ansager/in), ***newsreader*** (BE), ***anchor*** (AE) (Nachrichten~) *The keynote speaker is a famous French journalist.*<br>2. ***spokesperson, spokesman, spokeswoman*** (Wortführer, Sprecher, Vertreter) *She is the government's spokesperson on employment.* |
| ***speaker*** PFF | 1. s. oben<br>2. **Parlamentspräsident/in, Speaker** *The Speaker called the MPs to order.*<br>auch: **Lautsprecher** |

| | |
|---|---|
| **springen** | 1. ***jump, leap, spring*** (plötzlich los~) *He jumped through the window and ran off.*<br>2. ***bounce*** (Ball usw.) *The ball bounced high, but he reached it with his racket.* |
| ***spring*** PFF | s. oben |

| | |
|---|---|
| **Spur** | 1. ***track*** (Reifen~, Tier~), ***trail, spoor*** (Fährte) (fachspr.) *The only sign of the deer was its tracks in the snow.* |

2. ***trace*** (Anzeichen) *The sea was calm, but the ship had vanished without a trace.*
auch: ***lane*** (Straße, Autobahn), ***touch, hint*** (winzige Menge)

***spur*** 1. **Sporn** *The rider dug his spurs into the horse's side.*
2. **Ansporn** *Globalization is a spur to the development of high-tech products.*

***spoor*** PFF s. oben

---

**Stab** 1. ***staff*** (Mitarbeiter) *He was a member of the general's staff.*
2. ***stick*** (Stock), ***rod*** (Stange), ***bar*** (Gitterstab) *There were bars across the windows on the ground floor.*
auch: ***baton*** (Staffel~, Dirigenten~, Marschall~), ***pole*** (beim Stabhochsprung)

***stab*** 1. **Stich** (Messer-), **stechender Schmerz** (***~ of pain***) *He died of severe stab wounds.*
2. **Versuch** (ugs.) *They had a stab at designing a new engine.*

---

**Stadium** ***stage, phase*** *The new building is still at the planning stage.*

***stadium*** **Stadion** *The final was played in Wembley Stadium.*

---

**Stall** ***cowshed*** (Kuh~), ***stable*** (Pferde~), ***pigsty*** (Schweine~) *He led the horses back to the stables after the race.*

***stall*** 1. **Stand** (Markt~) *He earned a living selling clothes from a market stall.*
2. **Bucht, Box** (für Vieh) *Only half the stalls in the stable were filled.*
auch: **Parkett** (Theater) (BE, Pl.), **Dusch-, Toilettenkabine** (AE)

**Stapler** — ***fork-lift (truck)*** (Gabel~) *He was piling pallets onto the fork-lift truck ready for the warehouse.*

***stapler*** — **Hefter** (Heftmaschine) *Her hand was beginning to ache from using the stapler all day.*

---

**Star** — 1. ***star*** (Film, TV) *She had always dreamed of becoming a Hollywood star.*
2. ***starling*** (Vogel) *A large flock of starlings flew across the sun.*

***star*** PFF — 1. s. oben
2. ***Stern*** *We gazed at all the stars in the clear night sky.*

---

**stark** — 1. ***strong, powerful*** (Motor) *The men were strong and able to lift the heavy furniture.*
2. ***heavy*** (Verkehr, Raucher/in, Trinker/in, Regen, Schneefall, Frost) *We've had a lot of heavy rain recently.*
auch: ***bad, severe*** (Schmerzen), ***broad*** (Akzent), ***sharp*** (Anstieg)

***stark*** — 1. **kahl, schroff, karg** *The mountains formed a stark silhouette against the blue summer sky.*
2. **krass, unangenehm** *Leading politicians are unwilling to face the stark reality of poverty in the community.*

---

**Start** — 1. ***start*** *The start of his career was very promising.*
2. ***take-off*** (Flugzeug), ***launch, lift-off*** (Raumschiff) *The plane is now ready for take-off.*
auch: ***starting line*** (Sport), ***launch*** (Einführung eines Produktes auf dem Markt)

***start*** PFF — s. oben

| | |
|---|---|
| **Station** | 1. ***station*** *Will we get off the train at the next station?*<br>2. ***ward*** (Kranken~) *She's been admitted to the maternity ward.*<br>auch: ***stage*** (einer Reise) |
| ***station*** PFF | 1. s. oben<br>2. **Wache** (Polizei~, Feuer~) *She reported the theft at the police station.*<br>auch: **Tankstelle (*petrol/gas* ~), Sender** (Radio, TV) |

| | |
|---|---|
| **stationär** | 1. ***in-patient***, ***in hospital*** *He is being treated in hospital.*<br>2. ***permanent*** (nicht beweglich) *They have installed a permanent medical centre in the disaster area.* |
| ***stationary*** | 1. **haltend, parkend** *He lost control of the car and crashed into three stationary vehicles.* |
| ***stationery*** | 2. **Schreibwaren, Briefpapier** *He wrote her a letter using hotel stationery.* |

| | |
|---|---|
| **stemmen** | 1. ***press*** (drücken) *He pressed his whole weight against the door.*<br>2. ***lift*** (heben) *He lifts weights regularly to strengthen his muscles.* |
| ***stem*** | 1. **stammen, herrühren von** *His problems stem from an unhappy childhood.*<br>2. **eindämmen, abdichten, stillen** (Blutung) *The authorities are trying to stem the flood of illegal investments abroad.* |

| | |
|---|---|
| **steppen** | 1. ***(back)stitch*** (nähen) *She stitched a beautiful quilt.*<br>2. ***tap-dance*** (tanzen) *Fred Astaire tap-danced his way to fame.* |
| ***step*** | **treten, betreten, einen Schritt tun** *He stepped onto the stage and began his performance.* |

| | |
|---|---|
| **Stich** | 1. ***stab*** (Messer~), ***prick*** (Nadel~) *She hated injections and murmured when she felt the prick of the needle.*<br>2. ***bite*** (Mücken~), ***sting*** (Bienen~, Wespen~) *The next morning he was covered in mosquito bites.*<br>auch: ***stab of pain*** (stechender Schmerz) |
| ***stick*** | ***Stock*** *We collected sticks for the camp fire.* |
| ***stitch*** | 1. **Stich** (Nähen) *She sewed up the hem of the skirt with small stitches.*<br>2. **Masche** (Stricken, Häkeln) *She was counting the stitches on her knitting needle.*<br>auch: **Seitenstich** |

| | |
|---|---|
| **sticken** | ***embroider*** *Her jacket was richly embroidered.* |
| ***stick*** | 1. **kleben** *Do you think she'll notice that I stuck the handle back on the cup?*<br>2. **stecken, stechen** *She stuck the needle into her finger while she was sewing.*<br>auch: **klemmen** (Tür, Fenster) |

| | |
|---|---|
| **stickig** | ***stuffy, stifling, close/sticky*** (schwül) *It was very stuffy in the hotel room.* |
| ***sticky*** PFF | 1. **klebrig** *Oh dear! There's something sticky on the floor.*<br>2. s. oben<br>auch: **schwierig, heikel** (Situation) |

| | |
|---|---|
| **stieren** | ***stare, gape*** *She annoyed people by staring at them impolitely.* |
| ***steer*** | **steuern** (Auto, Boot usw.), **lotsen, lenken** (auch fig.) *I steered the boat into the harbour. Can the new manager steer the company through this difficult patch?* |

---

**Stil** — ***style*** *Her style of dress was very elegant.*

***stile*** — **Zauntritt** *We climbed over the stile into the next field.*

---

**Stipendium** — 1. ***grant, scholarship*** (AE) *The student's application for a grant was rejected.*
2. ***scholarship*** (als Auszeichnung) (BE) *She won a scholarship to Oxford.*

***stipend*** — **Besoldung** (für Geistliche) (geh.) *The local priests do not receive a very generous stipend.*

---

**Stock** — 1. ***stick*** *He can only walk with the aid of a stick now.*
2. ***floor/storey*** (Etage) *They live on the third floor.*
auch: ***pointer*** (Zeige~), ***pole*** (Ski~), ***cue*** (Billard~)

***stock*** — 1. **Vorrat, (Waren-)Bestand** *We have a large stock of bedroom furniture on sale.*
2. **Aktienkapital, Wertpapiere** (meist Pl.) *Simon made a fortune trading in stocks and shares.*
auch: **Viehbestand, Brühe, Herkunft, Abstammung**

---

**streng** — 1. ***strict*** (Person, Diät, Erziehung usw.) *Mrs Wilson is very strict with her pupils.*
2. ***stern*** (Miene, Ausdruck, Blick usw.) *She has a stern look and rarely smiles.*
auch: ***severe*** (Frost, Kälte, Strafe usw.), ***harsh*** (Richter/in, Strafe, Urteil, Winter usw.)

***strong*** — 1. **stark, kräftig** (auch fig.) *Are you strong enough to carry such a heavy case?*
2. **mächtig** *I think he will be a very strong President of the republic.*

| | |
|---|---|
| **Strom** | 1. ***electricity*** *Our electricity was cut off because of storm damage.*<br>2. ***river, torrent*** (reißender ~) *The Nile is the longest river in the world.*<br>auch: ***stream*** (Besucher~, Verkehrs~) |
| ***stream*** PFF | 1. **Bach** *We sat down and bathed our feet in the cool stream.*<br>2. s. oben |
| **Studium** | 1. ***studies*** (Hochschul~), ***course of study*** (Studiengang) *Unfortunately, she gave up her studies when she had the baby.*<br>2. ***study*** (Erforschung, Beobachtung, Studie) *The study of evolution has led to many new ideas.* |
| ***study*** PFF | 1. **Arbeitszimmer** *He was sitting in his study planning his new book.*<br>2. s. oben |
| **Stuhl** | 1. ***chair*** *They bought a new dining table and six matching chairs.*<br>2. ***stool*** (MED.) *A stool sample was sent to the lab for medical tests.* |
| ***stool*** PFF | 1. **Hocker, Schemel** *He sank down onto the bar stool and ordered a whisky.*<br>2. s. oben |
| **synchronisieren** | 1. ***synchronize*** (Geräte, Aktivitäten) *Let's synchronize our watches so that we both get to the airport at the same time.*<br>2. ***dub*** (FILM) *The film was dubbed into Spanish for South American audiences.* |
| ***synchronize*** PFF | s. oben |

# T

| | |
|---|---|
| **Tablett** | ***tray*** *She brought in the tea on a silver tray.* |
| *tablet* | 1. **Tablette** *He took a tablet for his headache.*<br>2. **Stein-, Tontafel** *The architects found clay tablets which indicated an early settlement.* |
| **Takt** | 1. ***time*** (Rhythmus), ***bar, measure*** (AE) (~ im musikalischen Notensystem) *He could never dance in time to the music.*<br>2. ***tact*** (~gefühl) *You need a lot of tact when dealing with adolescents.* |
| ***tact*** PFF | s. oben |
| **Tarif** | 1. ***rate, rate of pay*** (Lohn, Gehalt), ***pay scale*** (Lohnskala) *New rates of pay have been negotiated by the union.*<br>2. ***charge*** (Gebühr, Kosten) *Charges for gas and electricity have risen astronomically.*<br>auch: ***tariff*** (Festpreise im Hotel/Restaurant, Zoll~), ***fare*** (Fahrpreis) |
| ***tariff*** PFF | s. oben |
| **Taste** | 1. ***key*** (Klavier, Computer) *Her fingers flew over the piano keys as she practised her scales.*<br>2. ***button*** (Radio, Telefon) *He pressed the "cancel" button on his answering machine to delete the messages.* |
| *taste* | 1. **Geschmack(ssinn)** *This wine has a slightly bitter taste.*<br>2. **Kostprobe** *You must have a taste of this cake.* |

---

**tasten** — ***feel, grope*** (ertasten) *The room was completely dark and she felt for the light switch next to the door.*

***taste*** — 1. **(nach etwas) schmecken** *This soup tastes of ginger.*
2. **kosten, probieren** *He tasted the wine to see if it was too dry.*

---

**tatterig** — ***doddering, doddery, shaky, trembly*** (zittrig) *I might be older than you, but I'm not doddery yet.*

***tatters*** — **gescheitert, ruiniert, ramponiert** (***be in ~***) *After the scandal his career lay in tatters.*

***tatty*** — **schäbig** (Kleidung, Möbel usw.) (ugs.) *I wish he wouldn't always wear those tatty old jeans.*

---

**Technik** — 1. ***technology*** (~ als Wissenschaft, Technologie) *There have been many new developments in mobile phone technology.*
2. ***technique*** (Methode, Verfahren) *His time spent at the football academy had really improved his technique.*
auch: ***engineering*** (Ingenieurswesen)

***technique*** PFF — s. oben

---

**Teil** — 1. ***part*** *The first part of the lecture was very interesting.*
2. ***component*** (Bestandteil) *We'll have to replace the damaged component of the machine.*
auch: ***share*** (Anteil)

***tile*** — **(Dach-)Ziegel, Fliese** *Do you like the tiles we've chosen for the bathroom?*

---

**teilen** — 1. ***share*** (sich etwas mit jdm. ~, teilhaben an) *Would you like to share this piece of cake?*

2. ***divide*** (dividieren, auf-, einteilen, trennen) *The Wall divided East and West Berlin.*

***tile*** **mit Ziegeln decken, fliesen** *He's finally finished tiling the kitchen.*

---

**Teint** ***complexion, skin*** (Haut) *He had a ruddy complexion from a life spent in the open air.*

***tint*** **Farbton, Tönung** *She had attractive chestnut tints in her hair.*

---

**Teller** ***plate*** *She put plates piled high with food on the table.*

***teller*** 1. **Kassierer/in** (Bank) *He was employed as a teller in a bank.*
2. **Stimmenauszähler/in** *He was asked to be a teller in the last election.*

---

**temperamentvoll** ***vivacious, lively*** (lebhaft) *She's good in interviews with her vivacious and outgoing personality.*

***temperamental*** 1. **launenhaft** *Famous personalities are often unbearably temperamental.*
2. **unzuverlässig** (Maschine) *I'm afraid my car can be rather temperamental.*

---

**Tempo** 1. ***speed*** (Geschwindigkeit) *There's a speed limit of 30 mph in this area.*
2. ***rate*** (Entwicklung) *Inflation is rising at an alarming rate.*
auch: ***tempo*** (MUSIK), ***pace*** (Lauf, Arbeit, Handlungen)

***tempo*** PFF s. oben

---

**Tendenz** 1. ***trend*** (Entwicklung) *There's a trend in industry towards employing people on fixed term contracts.*

| | |
|---|---|
| | 2. ***tendency*** (Neigung) *She has a tendency to contradict everyone about everything.*<br>auch: ***bias*** (Einseitigkeit) |
| ***tendency*** PFF | s. oben |

| | |
|---|---|
| **Terminus** | ***term*** *Scientists use too many technical terms when communicating with the general public.* |
| ***terminus*** | **Endhaltestelle, -bahnhof** *We have to stay on the train until it gets to the terminus.* |

| | |
|---|---|
| **Testament** | 1. ***will, last will and testament***, ***legacy*** (Vermächtnis) *My grandmother left me some money in her will.*<br>2. ***Testament*** (REL.) *The New Testament often contains references to the Old Testament.* |
| ***testament*** PFF | 1. **Beweis** (geh.) *Her university scholarship is a testament to her hard work.*<br>2. s. oben |

| | |
|---|---|
| **Textbuch** | ***script*** (Manuskript, Drehbuch), ***songbook*** (Lieder), ***libretto*** (Oper) *Tom's been asked to write a film script.* |
| ***textbook*** | **Lehrbuch** *You can buy most of the course textbooks at the university bookshop.* |

| | |
|---|---|
| **Thema** | 1. ***subject, topic*** (Diskussions~, Gesprächs~) *The cost of living is the main topic of conversation these days.*<br>2. ***theme*** (Vortrags~, Buch~, MUSIK) *Honour and betrayal are the main themes of his book.* |
| ***theme*** PFF | s. oben |

| | |
|---|---|
| **These** | ***hypothesis, theory, thesis*** (geh.) *We need to do further research to test our hypothesis.* |
| ***thesis*** PFF | 1. **Magister-, Doktorarbeit** *He wrote his doctoral thesis on 19th century English literature.*<br>2. s. oben |

| | |
|---|---|
| **Tick** | 1. ***quirk*** (Eigenheit) *He was universally liked despite the odd quirk.*<br>2. ***tic*** (Zucken) (MED.) *Nervous tics may be a result of stress.* |
| ***tick*** | 1. **Häkchen, Haken** (AE ***check***) *Put a tick in the box if you agree with this statement.*<br>2. **Zecke** (ZOOL.) *Ticks can transmit serious diseases.*<br>auch: **Ticken** (Uhr), **Augenblick, Moment** (ugs.) |
| **Tipp** | 1. ***tip*** (Hinweis, Rat), ***hint*** (Andeutung, Wink) *The gardening book has useful tips on growing your own vegetables.*<br>2. ***bet*** (Wette) *Did you have a bet on the Derby?*<br>auch: **tip(-off)** (~ an die Polizei) |
| ***tip*** PFF | 1. **Spitze** *He examined the tips of his fingers which were covered in ink.*<br>2. **Trinkgeld** *You don't need to leave a tip because a service charge is included.*<br>3. s. oben<br>auch: **Müllkippe** |
| **tippen** | 1. ***type*** *Shall I type the letter for you?*<br>2. ***tap*** (leicht berühren) *She tapped him on the shoulder and he turned round.*<br>auch: ***do the lottery*** (Lotto), ***do the pools*** (Toto) (BE) |
| ***tip*** | 1. **kippen, aus-, umkippen** *If you tip your chair back like that, you'll fall over.*<br>2. **Trinkgeld geben** *Have you tipped the waiter?* |
| **toll** | ***great, brilliant, fantastic*** *She's just had a brilliant idea.* |
| ***toll*** | 1. **Maut, Gebühr** (Straßennutzungs~) *You have to pay a toll to use the new bridge.* |

| | |
|---|---|
| | 2. **Zahl** (Opfer, Schaden) *The death toll from the crash has risen to 50.*<br>auch: **(langsames) Glockengeläut** |
| **Ton** | 1. ***sound*** (Geräusch) *It was so quiet we couldn't hear a sound.*<br>2. ***tone (of voice)*** (Rede-, Sprechweise) *"Don't speak to me in that tone of voice," she said angrily.*<br>auch: ***clay*** (GEOL.), ***note*** (MUSIK), ***shade, tone*** (Farbton) |
| ***tone*** PFF | 1. s. oben<br>2. **Atmosphäre, Niveau** *Opening remarks are important since they set the tone for the rest of the interview.*<br>auch: **Tonus** (MED.) |
| **Topf** | 1. ***(sauce)pan*** (Koch~) *Brown the meat in a large saucepan.*<br>2. ***pot*** (Behälter für Marmelade, Honig, Milch, Farbe, Blumen usw.) *I need another pot of blue paint.* |
| ***top*** | 1. **ober(st)es Ende, oberer Teil, Spitze** (auch fig.) *Fill in your details at the top of the page.*<br>2. **Oberfläche** (Möbel, Wasser) *The top of the table was covered in dust.*<br>auch: **Verschluss, Deckel** (Zahnpaste, Stift usw.), **Oberteil** (Kleidung) |
| **Torte** | ***cake, gateau*** (Obst~) *Black Forest gateau is a very popular dessert.* |
| ***tort*** | **(zivilrechtliches) Delikt, unerlaubte Handlung** (RECHTSSPR.) *This tort will lead to action in a civil court.* |
| ***tart*** | 1. **belegter (Obst-)Kuchen** *I loved jam tarts when I was little.*<br>2. **Prostituierte, Nutte** (tabu) *I wish she wouldn't act like a tart!* |

**Tour de Force** ***enormous effort*** *I'm afraid the project is going to be an enormous effort for all of us.*

***tour de force*** **Glanzleistung** *His latest work is a literary tour de force.*

---

**Trakt** 1. ***section, part*** (Gebäudeteil), ***wing*** (Gebäudeflügel) *His office is in the new part of the building.*
2. **tract** (Reproduktions~, Verdauungs~ usw.) *He's having problems with his digestive tract.*

***tract*** PFF 1. **große Fläche, Gebiet** *Large tracts of woodland have been cleared for building.*
2. s. oben

---

**trampen** ***hitch(hike)*** *He often spent his holidays hitchhiking around Europe.*

***tramp*** 1. **sta(m)pfen, trampeln** *They put on their boots and tramped through the deep snow.*
2. **langer Marsch, Wanderung** *We missed the bus and had a long tramp home.*
auch: **Landstreicher/in, Flittchen** (AE, veraltet)

---

**Tramper/in** ***hitchhiker*** *We gave the hitchhiker a lift to the next youth hostel.*

****tramper*** Ø

---

**Transparent** ***banner*** (Spruchband) *The protestors marched along carrying strike banners.*

***transparent*** 1. **durchsichtig** *A dragonfly's wings are almost transparent.*
2. **durchschaubar, verständlich** *We need a more transparent tax system.*

***transparency*** 1. **Folie** (Overheadprojektor), **Diapositiv** *She used several transparencies to illustrate her talk.*

2. **Durchsichtigkeit** (von Materialien), **Transparenz, Verständlichkeit** *The new ministers promised more transparency in the government's decision-making.*

---

**transpirieren** 1. ***sweat, perspire*** (geh.) *She began to perspire in the heat.*
2. ***transpire*** (BOT.) *Plants transpire through their leaves.*

***transpire*** PFF 1. **sich herausstellen** (geh.) *It transpired that he was innocent after all.*
2. **geschehen, passieren** (geh.) *What will transpire in these negotiations?*
3. s. oben

---

**Tresor** ***safe, vault*** (~raum) *She locked her jewellery in the safe.*

***treasure*** **Schatz** (auch Person) *Her greatest treasure was her mother's necklace.*

---

**treu** ***faithful, loyal, devoted*** (~ ergeben), ***true to*** *His fans have remained loyal throughout his career.*

***true*** PFF 1. **wahr** *The film is based on a true story.*
2. **echt, wirklich, tatsächlich** *The true costs were higher than we thought.*
3. s. oben

---

**Trubel** 1. ***(hustle and) bustle, confusion*** (Wirrwarr) *There was too much hustle and bustle in the busy city streets.*
2. ***hype*** (Medienrummel) *Despite all the hype, his book is not selling well.*

***trouble*** 1. **Ärger, Problem, Schwierigkeit** *I've been having trouble with my computer.*
2. **Mühe** *He didn't take the trouble to reply.*
auch: **Kummer** (***troubles***), **Leiden** (MED.), **Schaden, Streit**

| | |
|---|---|
| **turnen** | ***do gymnastics*** *She did gymnastics when she was at school.* |
| ***turn*** | 1. **(sich) (um)drehen** *She turned her head when he spoke.*<br>2. **abbiegen** *Turn left at the traffic lights.*<br>auch: **umblättern, werden** (~ ***pale, grey, sour, Protestant*** usw.) |
| **Twen** | ***in his/her/their twenties*** *I think he must be in his twenties by now.* |
| ***twen** | Ø |

# U

| | |
|---|---|
| **über** | 1. ***over, above, across*** (räumlich) *He drove over the bridge carefully.*<br>2. ***for*** (Wert) *I received a bill for £ 150.*<br>auch: ***via*** (Reisen) |
| ***u(e)ber*** | ***super***, ***mega*** *He wanted to do something uber-cool with his webpage.* |

| | |
|---|---|
| **überarbeiten** | 1. ***revise*** (Text usw.) *I've revised and shortened the article.*<br>2. ***overwork, work too much*** (sich ~) *You look tired. Have you been overworking again?* |
| ***overwork*** PFF | 1. s. oben<br>2. **jdm. zu viel Arbeit aufbürden** *He overworks and underpays his employees.* |

| | |
|---|---|
| **überblicken** | 1. ***overlook, have a view*** (Ausblick haben) *Our hotel room overlooked the sea.*<br>2. ***grasp, see, assess*** (verstehen) *We didn't fully grasp the meaning of his words.* |
| ***overlook*** PFF | 1. s. oben<br>2. **übersehen** (nicht bemerken/beachten) *I'm afraid you have overlooked one important fact.*<br>auch: **hinwegsehen über** (Fehler) |

| | |
|---|---|
| **überhören** | 1. ***not hear/catch, fail to hear, miss*** (unabsichtlich) *I didn't catch half of what she said.*<br>2. ***ignore*** (absichtlich) *I'll just ignore that remark!*<br>auch: ***be tired/sick of, hear enough*** (sich etwas überhören) |
| ***overhear*** | **zufällig hören/mitbekommen** *I happened to overhear her conversation in the next room.* |

---

**überholen** 1. ***overtake, pass*** (AE meist) *He overtook the queue of lorries on the motorway.*
2. ***overhaul*** (TECHN.) *An engineer is going to overhaul the heating system.*

***overhaul*** PFF 1. s. oben
2. **verbessern** *All the welfare systems need to be overhauled.*

---

**überkommen** ***be overcome, come over*** (Gefühle) *She was overcome with fear.*

***overcome*** PFF 1. **überwinden, meistern** (Problem), **widerstehen** *He overcame his parents' opposition and trained as an actor.*
2. **überwältigt werden** *Two firefighters were overcome by smoke.*
3. s. oben
auch: **siegen, siegreich sein** (geh.)

---

**übernehmen** 1. ***take over, take on*** (Aufgabe, Amt, Verantwortung, Firma), ***take*** *He has taken over control of the company.*
2. ***adopt, take*** (Idee, Plan) *We have adopted the same policy for dealing with binge drinking.*
auch: ***take on too much, overreach oneself*** (sich ~)

***overtake*** 1. **über-, einholen** (auch fig.) *You shouldn't overtake on dangerous bends.*
2. **überraschen, ereilen** *The runners were overtaken by bad weather and the race was stopped.*

---

**überreichen** ***present s.o. with s.th., hand s.th. over*** (übergeben) *He was presented with an award for service to the community.*

***overreach*** **sich übernehmen** *The young family overreached itself financially.*

| | |
|---|---|
| **überschlafen** | ***sleep on*** *It was a difficult decision, so we decided to sleep on it.* |
| ***oversleep*** | **verschlafen** *They overslept and missed the plane.* |
| **übersehen** | 1. ***miss, overlook*** (unabsichtlich), ***ignore*** (absichtlich) *I hope we haven't overlooked any details.*<br>2. ***have an overall view of*** (verstehen), ***assess*** (erkennen, einschätzen), ***foresee*** (vorhersehen) *I'm afraid I can't assess all the consequences at the moment.*<br>auch: ***look over, see, have a view*** (Ausblick haben) |
| ***oversee*** | **beaufsichtigen, überwachen, leiten** *He was appointed as manager to oversee the project.* |
| **Übersicht** | 1. ***overview, survey*** *The first chapter provides an overview of the subjects in the following chapters.*<br>2. ***table*** (Tabelle) *Our research confirms the figures in Table 6.* |
| ***oversight*** | 1. **Versehen** *Due to an oversight on our part, the plane was overbooked.*<br>2. **Aufsicht** (geh.) *The committee has oversight of spending on building projects.* |
| **überspielen** | 1. ***hide, cover s.th. up*** (Fehler, Schwächen) *He tried to hide his nervousness by telling a couple of jokes.*<br>2. ***put onto*** (FILM, MUSIK) *They put the concert onto CD.*<br>auch: ***transfer*** (Daten) (COMP.) |
| ***overplay*** | **übertrieben darstellen, überschätzen** *The significance of these crime figures is being overplayed in the media.* |

| | |
|---|---|
| **Unterarm** | ***forearm*** *He had tattoos on both forearms.* |
| ***underarm*** | **Achselhöhle** (auch: ***armpit***) *She applied deodorant to her underarms.* |

| | |
|---|---|
| **untergehen** | 1. ***go down***, ***set*** (Sonne, Mond) *The sun sets in the west.*<br>2. ***sink***, ***go down*** (versinken) *The ship went down somewhere in the Atlantic.*<br>auch: ***be destroyed*** (zugrunde gehen) |
| ***undergo*** | 1. **durchstehen, -machen** *Teaching has undergone tremendous changes since she left the profession.*<br>2. **durchlaufen, sich unterziehen** *He has undergone extensive tests in hospital.* |

| | |
|---|---|
| **unterliegen** | 1. ***lose, be beaten/defeated*** (Niederlage) *He lost the tennis match by three sets to two.*<br>2. ***be subject to, be liable to*** (Gebühr, Besteuerung), ***come/fall within*** (Pflicht, Kontrolle, Wandel, Bestimmung) *Prices are subject to the laws of supply and demand.* |
| ***underlie*** | **zugrunde liegen** *Children's well-being underlies all our proposals.* |

| | |
|---|---|
| **unternehmen** | 1. ***do*** *Is there anything we can do?*<br>2. ***make*** (Reise, Anstrengung, Versuch) *I made an attempt to get the machine working.*<br>auch: ***take*** (Schritte) |
| ***undertake*** | 1. **durchführen, über-, wahrnehmen** (Aufgabe) (geh.) *Research into drug abuse was undertaken by several universities.*<br>2. **sich verpflichten, etwas zu tun** (geh.) *The government has undertaken to deal with the situation.* |

---

**Unternehmen** 1. ***firm, business, enterprise, company*** (WIRTSCH.) *He sold his company ten years ago.*
2. ***contractor*** (Dienstleistungs~, Vertrags~) *These haulage contractors always deliver on time.*

***undertaking*** 1. **Projekt** (Vorhaben) *Building the Channel Tunnel was a massive undertaking.*
2. **Zusicherung** (geh.) *The company gave an undertaking that they would not cut jobs.*

---

**Unternehmer/in** 1. ***entrepreneur, businessman/businesswoman*** (Geschäftsmann/-frau), ***employer, boss*** (Arbeitgeber/in), ***industrialist*** (Industrielle/r) *As a successful businesswoman, she had made her first million before she was 25.*
2. ***contractor*** (Dienstleistungs~, Vertrags~) *He's a building contractor with partners all over the country.*

***undertaker*** 1. **Leichenbestatter/in** (AE **mortician**) *He surprised everyone by training as an undertaker.*
2. **Bestattungsinstitut** *We phoned the undertaker to arrange the funeral.*

---

**unterschreiben** 1. ***sign*** *He signed the cheque and handed it over.*
2. ***subscribe*** (bestätigen, gutheißen) *She subscribes firmly to the belief that all people are born equal.*

***underwrite*** 1. **finanzieren, Verlust/Kosten tragen** (fachspr.), **garantieren** *The government will underwrite the project with a grant of £ 10 million.*
2. **versichern, zeichnen** (fachspr.) *They have agreed to underwrite the share issue.*

| | |
|---|---|
| **Urne** | 1. ***urn*** *He opened the urn and tipped his father's ashes into the sea.*<br>2. ***ballot box*** (Wahl~) *Voters can express their views by means of the ballot box.* |
| ***urn*** PFF | 1. s. oben<br>2. **Kessel** (für Kaffee oder Tee) *She carried a large tea urn into the kitchen.* |

# V

| | |
|---|---|
| **Ventilator** | ***fan, ventilator*** *The room was very sticky and we realized the ventilator wasn't working.* |
| ***ventilator*** PFF | 1. s. oben<br>2. **Beatmungsgerät** *He was put straight on a ventilator after the accident.* |
| **verloren** | 1. ***lost (lose, lost, lost)*** *They've lost a lot of money on the stock exchange.*<br>2. ***forlorn*** (einsam, hilflos, verlassen, trostlos) *She sat on the platform, alone and forlorn.* |
| ***forlorn*** PFF | s. oben |
| **Vers** | 1. ***verse*** (Strophe, Bibel~, Koran~, ~form) *She memorized all the verses of the poem.*<br>2. ***line*** (Zeile) *He quoted a few lines from Goethe.* |
| ***verse*** PFF | s. oben |
| **verwildert** | 1. ***overgrown*** (Garten) *The house was derelict and the garden overgrown with weeds.*<br>2. ***wild*** (Tiere) *The cats, deserted, had become wild.* |
| ***bewildered*** | **verwirrt, verwundert** *She was bewildered by the strange country and its customs.* |
| **virtuos** | ***virtuoso, brilliant*** *England's football fans were looking forward to a virtuoso performance against Italy.* |
| ***virtuous*** | **tugendhaft, rechtschaffen** *He was virtuous and hard-working all his life.* |
| **Visite** | ***(doctor's) round*** *The doctor's round is usually at about 8.30.* |

| | |
|---|---|
| ***visit*** | **Besuch** *Can we come for a short visit this summer?* |
| **Vokal** | ***vowel*** *The vowel in the French word "beau" is not very difficult to pronounce.* |
| ***vocal*** | 1. **Stimm...** *His vocal range was always very impressive.*<br>2. **lautstark** *They were a small but very vocal group of protestors.*<br>auch: **Singstil** (**~ *style***) |
| **voll** | 1. ***full*** (räumlich ~, gefüllt, vollständig, satt) *The petrol tank is still full.*<br>2. ***whole*** (ganz) *I've been waiting a whole hour.*<br>auch: ***be plastered/tight*** (betrunken), ***complete*** (Erfolg) |
| ***full*** PFF | s. oben |
| **vorgehen** | 1. ***act*** (handeln), ***proceed*** (verfahren) *This is a new situation and we aren't sure how to proceed.*<br>2. ***happen, go on*** (geschehen) *What's going on outside?*<br>auch: ***go forward, go ahead/in front*** (nach vorn gehen), ***gain, be fast*** (Uhr), ***come first*** (Vorrang haben) |
| ***forgo*** | **verzichten auf** *Workers have agreed to forgo a wage rise this year.* |
| **vorsehen** | 1. ***plan, intend*** (beabsichtigen) *The opening of the museum is planned for next year.*<br>2. ***allow, provide for*** (einplanen) *We've allowed 30 minutes to get to the airport.*<br>auch: ***earmark*** (Geld), ***designate*** (Posten, Stelle), ***beware of, watch out, take care*** (sich ~) |

| | |
|---|---|
| ***foresee*** | **vorher-, voraussehen** *I've arranged the meeting and I can't foresee any problems.* |

| | |
|---|---|
| **Vorsicht** | ***caution, care*** *You should exercise great caution when driving in icy conditions.* |
| ***foresight*** | **weise Voraussicht, Weitblick** *He had had the foresight to book a hotel before he arrived.* |

# W

| | |
|---|---|
| **wachen** | 1. ***keep watch*** (Acht geben) *Climatologists are keeping a close watch on global warming.*<br>2. ***keep an eye on, watch over*** (sich kümmern um) *Can you keep an eye on Paula while I make supper?* |
| ***wake*** | **aufwachen, (auf)wecken** *She woke early because of the bright sunshine.* |
| **Wall** | 1. ***embankment, rampart*** (Befestigung) *We walked along the ramparts of the old city.*<br>2. ***bulwark*** (Bollwerk) (fig.) *Freedom of the press is always a bulwark against dictatorship.* |
| ***wall*** | 1. **Wand** *We painted the bedroom walls pale blue.*<br>2. **Mauer** *The walls of the house were built of solid brick.* |
| **Wand** | ***wall, rock face*** (Felswand) *We hung a mirror on the wall above the fireplace.* |
| ***wand*** | **Zauberstab** (auch: **magic ~**) *You can't wave a magic wand to cure all our economic ills.* |
| **wandern** | 1. ***hike, walk*** *We're planning to hike along the Cornish coast.*<br>2. ***wander*** (schlendern, umherstreifen) *We wandered slowly along the crowded streets of New York.* |
| ***wander*** PFF | s. oben |
| **wanken** | 1. ***sway, shake*** (Boden, Gebäude) *The earthquake caused the building to shake slightly.* |

| | |
|---|---|
| | 2. ***stagger*** (unsicher gehen) *She was staggering under the weight of the books.* auch: ***waver*** (Glaube, Vertrauen usw.), ***totter*** (Position, Macht) |
| ***wank*** | **wichsen** (tabu) *His new novel is totally about wanking.* |

---

| | |
|---|---|
| **Ware** | ***product, article, goods, commodities, merchandise*** (geh.) *All our products are environmentally friendly.* |
| ***ware*** | **Erzeugnis(se), Gegenstände, Artikel, Ware(n)** (in Zus.) *The thieves stole all the silverware.* |

---

| | |
|---|---|
| **Warenhaus** | ***department store*** *Harrod's is London's most famous department store.* |
| ***warehouse*** | **Warenlager, Lager(haus)** *Our warehouse is full of goods waiting to be exported abroad.* |

---

| | |
|---|---|
| **wassern** | 1. ***land on water / in the sea*** (Flugzeug) *The seaplane landed in the bay.* 2. ***splash down*** (Raumkapsel) *The space capsule splashed down safely in the ocean.* |
| ***water*** | 1. **gießen, wässern** *Could you water the plants while we're away?* 2. **tränen** *Chopping onions always makes my eyes water.* auch: **tränken** (Vieh) |

---

| | |
|---|---|
| **wässern** | 1. ***water, irrigate*** (be~) *Water was channelled into the fields to irrigate the crops.* 2. ***soak*** (einweichen) *Soak the peas in water overnight before cooking them.* |
| ***water*** PFF | s. oben |

| | |
|---|---|
| **weil** | ***because, as/since*** (da) *She's revising because she has an exam tomorrow.* |
| ***while*** | 1. **während** (zeitlich), **solange** *The parcel arrived while we were having lunch.*<br>2. **während** (entgegensetzend), **zwar** *While some children learn quickly, others need remedial help.* |
| **Wein(stock)** | ***vine*** *They were picking grapes off the vines.* |
| ***wine*** | **Wein** *He prefers full-bodied red wines.* |
| **weinen** | ***weep, cry*** *The baby's probably crying because she's hungry.* |
| ***whine*** | 1. **jammern, klagen** *I wish you'd stop whining about everything!*<br>2. **winseln** *We could hear a dog whining behind the door.*<br>auch: **heulen** (Maschinen) |
| **weit** | 1. ***far*** (Entfernung) *How far is it to the next station?*<br>2. ***long*** *We still have a long way to walk.*<br>auch: ***loose*** (lose), ***big*** (zu weite Kleidung), ***wide*** (Ausdehnung) |
| ***white*** | **weiß** *White is her favourite colour.* |
| ***wide*** PFF | 1. s. oben<br>2. **breit** *The room is 5 metres wide.* |
| **Welle** | 1. ***wave*** *He watched the surfers riding the waves.*<br>2. ***shaft*** (TECHN.) *The propeller wasn't turning because the shaft was broken.* |
| ***well*** | 1. **Brunnen** *People used to dig wells to obtain water.*<br>2. **(Öl-)Quelle** (***oil ~***) *Many of the old oil wells are no longer in use.* |

| | |
|---|---|
| **Werft** | ***shipyard*** *The ocean liner is in a shipyard for repairs.* |
| ***wharf*** | **Kai** *The hotel had its own wharf where yachts could be moored.* |
| **Werk** | 1. ***work*** (Arbeit, Urheberschaft, Kunstwerk, Buch) *Have you read any of Shakespeare's works?*<br>2. ***deed, act*** (Tat, Handlung) *He deserved praise for his many good deeds.*<br>auch: ***works*** (Fabrik) |
| ***work*** PFF | s. oben |
| **Weste** | ***waistcoat, vest*** (AE) *He was dressed very formally in waistcoat and jacket.* |
| ***west*** | **Westen** *San Francisco is on the west coast of the USA.* |
| ***vest*** PFF | 1. **Unterhemd** (BE) *He opened the door wearing only his vest and underpants.*<br>2. s. oben |
| **Wink** | 1. ***sign*** (Andeutung, Zeichen) *She gave me a sign that she had nothing more to say.*<br>2. ***hint*** (Hinweis) *He has dropped a couple of hints about what he wants for his birthday.* |
| ***wink*** | **Zwinkern, Blinzeln** *He gave us a knowing wink.* |
| **winken** | 1. ***wave*** *She waved to him as the train left the station.*<br>2. ***signal, beckon*** (signalisieren) *He beckoned the waiter over.* |
| ***wink*** | **(zu)zwinkern, (zu)blinzeln** *Ben winked at his friends, who shared the joke.* |

| | |
|---|---|
| **wischen** | 1. ***wipe*** (Mund ~) *She wiped the baby's face clean.*<br>2. ***dust*** (Staub ~) *She dusted all the cupboards and bookshelves.*<br>auch: ***mop*** (auf~) |
| ***wish*** | **wünschen, wollen** *I wish it would stop raining.* |
| **Witz** | 1. ***joke*** *Would you like to hear a good joke?*<br>2. ***wit*** (Esprit, Humor, Schlagfertigkeit) *His autobiography was full of his usual wit and wisdom.* |
| ***wit*** PFF | 1. s. oben<br>2. **geistreicher Mensch** *He was a famous wit.*<br>auch: **Verstand** (***wits***) |
| **Wunder** | 1. ***miracle, wonder*** (auch übernatürliches Ereignis) *It's a miracle that he survived the accident.*<br>2. ***marvel*** (Leistung) *The building is an architectural marvel.* |
| ***wonder*** PFF | 1. **Bewunderung** *The sight of the Taj Mahal filled us with wonder.*<br>2. **Verwunderung, Erstaunen** *He reacted with wonder at the news that she was married.*<br>3. s. oben |
| **wundern** | ***surprise, be amazed/surprised*** (sich ~) *I was really surprised that she took that job.* |
| ***wonder*** | **sich fragen, gern wissen wollen** *I wonder what that noise is outside.* |

## Z

| | |
|---|---|
| **Zelle** | 1. ***cell*** (Körper~, Gefängnis~) *Scientists are doing a lot of research into stem cells.*<br>2. ***(tele)phone booth/box*** *She phoned the police from a nearby phone box.* |
| ***cell*** PFF | 1. s. oben<br>2. **Handy** (AE, BE ***mobile***) *You can reach me at any time on my cell.* |
| **Zensur** | 1. ***mark, grade*** (AE) (Schul~) *She always got good marks at school.*<br>2. ***censorship*** (Kontrolle) *Some governments still employ censorship to control the media.* |
| ***censure*** | **Tadel** (geh.) *His comments on equal pay have attracted censure from the press.* |
| **zeremoniell** | 1. ***ceremonial*** (feierlich) *The Queen only wears these robes on ceremonial occasions.*<br>2. ***ceremonious*** (förmlich, pompös) *He gave a ceremonious welcome to all his supporters.* |
| ***ceremonial*** PFF | s. oben |
| **Zirkel** | 1. ***(a pair of) compasses*** *The children were shown how to use compasses to draw circles.*<br>2. ***circle*** (Personenkreis) *She's well-known in literary circles.* |
| ***circle*** PFF | 1. **Kreis** *Stonehenge is an ancient circle of tall stones built on Salisbury Plain.*<br>2. **Rang** (Theater) (BE) *We had seats in the circle.*<br>3. s. oben |
| **zivil** | 1. ***civilian*** (nicht militärisch, bürgerlich) *He returned to civilian life after 20 years in the army.* |

| | |
|---|---|
| | 2. ***plain-clothes*** (Polizei) *Some officers in plain-clothes mingled with the crowd.*<br>auch: ***reasonable*** (Preise), ***civilized, decent*** (anständig) |
| ***civil*** | 1. **Bürger...** *Martin Luther King was a civil rights leader.*<br>2. **(staats)bürgerlich, staatlich** *My sister was married in a civil ceremony.*<br>auch: **zivilrechtlich** (~ ***law***), **höflich** |
| **Zylinder** | 1. ***top hat*** *The men were asked to wear top hats at the wedding.*<br>2. ***cylinder*** (CHEMIE, MATH., Auto) *The car has a four-cylinder engine.* |
| ***cylinder*** PFF | s. oben |
| **zynisch** | ***cynical*** *A lot of voters are very cynical about politicians.* |
| ***cynic*** | **Zyniker/in** *Being a cynic, she always expected the worst of people.* |

## Register der englischen Stichwörter


**academic** 14
**acclimatized** 79
**accord** 15
**acre** 13
**act** 15
**actual** 15
**actualize** 15
**adroit** 13
**advocate** 13
**alarm** 15
**alcoholics** 16
**alley** 16
**allowance** 44
**also** 16
**ambulance** 16
**ample** 16
**amuse** 16
**angel** 17
**angle** 17
**announce** 17
**antique** 17
**anxious** 14
**ape** 14
**appeal** 17
**area** 14
**argument** 17
**arrange** 18
**arrest** 18
**art** 18
**artist** 18
***autogramme** 19
**axis** 13
**axle** 13

**backside** 136
**ban** 20
**band** 20
**bank** 20
**barracks** 21
**basis** 21
***beamer** 21
**become** 21
**behold** 21
**belie** 22
**beloved** 22
**benzine** 22
**berate** 22
**beset** 22
**besiege** 23
**best man** 23
**bet** 23
**betray** 23
**beware** 24
**bewildered** 177
**biscuit** 24
**blame** 24
**blank** 24
**blaze** 24
**bleach** 25
**bleak** 25
**blend** 25
**blink** 25
**blinker(s)** 25
**blitz** 26
**block** 26
**blonde** 26
**bloody** 27
**bloom** 27
**blubber** 26
**blue** 25
**boil** 23
**boot** 27
**born** 57
**borrow** 27
**bowl** 28
**box** 28
**branch** 28
**brave** 28
**bread** 29
**breast** 29
**brief** 28
**briefcase** 29
**bring** 29
**bugger** 20
**bullion** 27
**bureau** 29
**burst** 30
**button** 30

**cable** 74
**cakes** 76
**calendar** 74
**can** 75
**canal** 74
**careless** 151
**carrier** 75
**cart** 75
**carton** 75
**catch** 31
**caution** 76
**cell** 184
**censure** 184
**ceremonial** 184
**characteristic** 31
**charge** 31
**check** 32
**chef** 32
**chicane** 142
**chimney** 74
**chore** 32
**Christ** 32

**Christendom** 32
**circle** 184
**city** 32
**civil** 185
**clamour** 77
**clang** 77
**clap** (Subst.) 77
**clap** (V.) 77
**classic** (Subst.) 78
**classic** (Adj.) 78
**classical** 78
**clause** 78
**clay** 78
**cleanly** 78
***climatized** 79
**cling** 79
**clip** 79
**closet** 79
**clue** 33
**clump** 79
**coal** 80
**coffer** 80
**college** 80
**colon** 81
**combine** 81
**comfort** 81
**comfortable** 81
**comic** (Subst.) 81
**comic** (Adj.) 82
**comical** 82
**commandeer** 82
**commentary** 82
**commerce** 82
**common sense** 58
**companion** 82
***componist** 82
**comrade** 74
**concern** 85
**concession** 85
**concourse** 84
**concurrent** 83
**confer** 83
**confession** 83
**conjunctive** 83
**conjuncture** 83
**consequent** 84
**construe** 84
**continual** 84
**control** 85
**controller** 33, 85
**cook** 80
**corpse** 85
**cost** 86
**costly** 86
**costume** 86
**courier** 89
**coy** 76
**crab** 86
**crabs** 87
**craft** 86
**crafty** 87
**crank** 87
**cream** 33
**credit** 87
**crime** 88
**criminal** 88
**criminal Roman** 88
**critic** 88
**critique** 88
**cure** 89
**curt** 89
**cushion** 76
**cylinder** 185
**cynic** 185

**dame** 34
**damp** 34
**dates** 34
**dealer** 34
**decent** 37
**decorator** 35
**defect** 35
**definitive** 35
**deft** 35
**delicate** 36
**delicatessen** 36
**demented** 36
**demolish** 36
**device** 37
**devise** 37
**devout** 37
**dictate** 38
**dictation** 38
**diktat** 38
**direction** 38
**director** 39
**discrete** 39
**discretion** 39
**disinterested** 36
**displaced** 36
**dissertation** 39
**dome** 40
**dose** 40
**double** 40
**double-decker** 40
**douche** 41
**dragon** 41
**dress** 41
***dressman** 41
**drug** 41

**eagle** 70
**economic** 109
**economical** 109
**elder** 14
**elders** 43
**electric** 42
**electrical** 42
**elementary** 43
**emission** 43

**energetic** 43
**engaged** 44
**engagement** 43
**ersatz** 44
**etiquette** 44
**evangelical** 45
**even** 42
**eventual** 45
**exemplar** 45
**existence** 45

**fabric** 46
**fabricate** 46
**fade** 46
**fail** 49
**failure** 49
**fall** 47
**fall out** 18
**familiar** 47
**famous** 47
**fan** 47
***fanaticer** 48
**fantasy** 48
**fare** 46
**fart** 47
**fasten** 48
**fat** 50
**feast** 50
**feather** 49
**fee** 49
**feisty** 50
**fern** 50
**fever** 50
**fibre** 50
**fiend** 49
**fire** 49, 50
**firm** 51
**fix** 51
**flatter** 51
**fleck** 52
**flesh** 52
**flick** 52
**flirt** 52
**flock** 52
**floor** 53
**flute** 53
**fly** 52
**foil** 53
**fold** 47
**folly** 53
**force** 54
**foresee** 178
**foresight** 178
**forgo** 177
**forlorn** 176
**format** 54
**formidable** 54
**formula** 54
**foul** 48
**fraction** 55
**fracture** 55
**freedom** 55
**frivolous** 56
**full** 177
**fund** 56
**furious** 56
**fusion** 56

**gaffer** 57
**gag** 57
**genial** 58
**genie** 58
**gherkin** 62
**ghost** 58
**gift** 58
**girdle** 61
**glance** 58
**glass container** 59
**glut** 59
**golf** 59
**grab** 59
**gracious** 60
**grade** 59
**grease** 60
**great** 61
**grip** 60
**ground** (Subst.) 61
**ground** (V.) 61
**gruesome** 60
**guesthouse** 57
**guile** 57
**guilty** 61
**gully** 62
**gurgle** 62
**gut** 62
**gym(nasium)** 62

**halt** 63
**handle** 63
**handy** 63
**hang up** 13
**haven** 63
**hearty** 66
**hectic** 65
**hefty** 64
**helm** 65
**herb** 66
**herd** 66
**hide** 65
**high** 67
**high school** 67
**hinder(ed)** 21
**hiss** 66
**historic** 66
**historical** 66
**hole** 67
**homely** 65
**homeworker** 65
**honour** 67
**hoop** 68

**hose** 67
**hostess** 68
**house** 64
**houseman** 64
**housemaster** 64
**housework** 64
**human** 68
**hush** 68
**hustle** 68
**hymn** 69

**idle** 42
**ignorant** 70
**impose** 70
**impregnate** 70
**infusion** 70
**instance** 71
**insulate** 72
**integer** 71
**intelligence** 71
**intensive** 71
**irritate** 72
**isolate** 72

**jealousy** 73
**jest** 58
**jubilee** 73
**justice** 73

**keen** 89
**kindly** 76
**kip** 76
**kitchen** 77
**knacks** 80
**knave** 80
**kraut** 87

**labour** 90
**lack** 90
**lager** 90
**land** 91
**landscape** 91
***last not least** 91
**learn** 92
**lecture** 92
**lever** 91
**lied** 92
**lift** 93
**light article** 92
**lighter** 92
**lime** 91
**lineal** 93
**liquid** 93
**liquor** 93
**list** 93
**loan** 93
**local** 94
**loch** 94
**lock** (Subst.) 94
**lock** (V.) 94
**lodge** 91
**loony** 91
**loop** 95
**loosen** 95
**lose** 95
**lot** 95
**luck** 90
**lucky** 59
**lust** 96
**lusty** 96
**lyric** 96

**magic** 97
**magical** 97
**make out** 19
**man** 97
**manifest** 97
**manly** 98
**mantle** 98
**map** 98
**marine** 98
**marmalade** 99
**massive** 99
**meagre** 97
**meal** 99
**mean** 99
**meaning** 99
**meet** 100
**menu** 99
**mess** 100
**meter** 100
**metre** 100
**middle-aged** 102
**midweek** 102
**mime** 101
**mimic** 101
**mince** 101
**mine** 100
**minister** 101
**mist** 101
**mob** 102
**mode** 102
**moderation** 102
**moderator** 102
**montage** 103
**mood** 104
**moody** 104
**moonshine** 103
**moral** 103
**motor** 104
**mundane** 103
**murder** 103
**muster** 104
**mutter** 105

**nag** 106
**neck** (Subst.) 106
**neck** (V.) 106
**nerve** 106
**newly** 107

**next** 106
**nick** 107
**noble** 107
**note** 107
**notice** 108
**novel** 108
**nut** 108

**objective** 109
**obligation** 109
**offensive** 109
**officious** 110
**old timer** 110
**ordinary** 110
**organ** 110
**original** 110
**outlandish** 19
**oven** 109
**overcome** 171
**overhaul** 171
**overhear** 170
**overlook** 170
**overplay** 172
**overreach** 171
**oversee** 172
**oversight** 172
**oversleep** 172
**overtake** 171
**overwork** 170

**packet** 111
**pair** 111
**pan** 111
**pap** 111
**parole** 112
**pass** (Subst.) 112
**pass** (V.) 112
**pat** 113
**pathetic** 113
**pause** 113
**pearl** 114
**peep** 114
**pen** 113
**pension** 113
**personal** 114
**pest** 114
**photograph** 54
**physician** 115
**physique** 115
**pickle** 115
**placate** 116
**place** 116
**plague** 115
**plane** 116
**plaster** 115
**plastic** 116
**plight** 117
**plump** 117
**police** 117
**politic** 117
**pompous** 117
**pony** 118
**pop** 118
**port** 118
**post** 118
**pouf(fe)** 124
**pregnant** 119
**preservative** 119
**price** 119
**prize** 119
**probe** 119
**process** (Subst.) 122
**process** (V.) 122
**product** 119
**profane** 120
**profile** 120
**profiteer** 120
**promotion** 120
**proof** 122
**proper** 121
**prospect** 121
**protection** 121
**protocol** 121
**prove** 122
**provision** 122
**psychic** 123
**public** 123
**pudding** 123
**puff** 123
**puffer** 124
**pulley** 124
**pump** 124
**punctual** 124
**puzzle** 124

**quake** 125
**qualm** 125
**queer** 125
**quell** 125
**quit** 126
**quote** 126

**race** 128
**racket** 127
**rank** (Adj.) 128
**rank** (V.) 128
**rapport** 128
**rash** 128
**rate** (Subst.) 129
**rate** (V.) 129
**ratio** 129
**real** 130
**rebate** 127
**receipt** 134
**reckon** 129
**reclaim** 131
**recorder** 130
**rector** 131
**reek** 134

**refer** 130
**refined** 127
**relation** 132
**rent** (Subst.) 132
**rent** (V.) 132
**rentable** 132
**require** 132
**resign** 132
**resort** 133
**rest** 133
**restless** 133
**revise** 134
**rife** 131
**rind** 134
**ring** 134
**rise** 131
**rob** 135
**rock** 135
**roller** 135
**Roman** 135
**roman** 135
**Romanic** 135
**romantic** 136
**roof** 136
**rudder** 136
**ruffle** 137
**rumour** 137
**rump** 137
**rust** 137
**rusty** 138

**sable** 139
**salad** 139
**saloon** 139
**sauce** 140
**scheme** 142
**scooter** 149
**scrupulous** 149
**scurrilous** 149
**sea** 147
**secret** 147
**sect** 147
**see** 147
**self-conscious** 147
**seminar** 147
**sender** 148
**sensible** 148
**serious** 148
**shade** 140, 141
***shakehands** 148
**shame** 141
**sharp** 141
**shawl** 140
**sheen** 142
**shellfish** 141
**shield** 143
**shine** 142
**ship** 142
**shoal** 145
**shower** 141
***showmaster** 148
**sight** 148
**sinus** 148
**site** 147
**slap** 143
**sleep in** 42
**slight** 143
**slim** 143
**sling** 143
**slip** 150
**slipper** 150
**smack** 144
**small** 144
**smear** 144
**smelt** 144
**smoking** 150
**snack** 145
**snake** 145
**snap** 145
**so what** 150
**sober** 139
**sole** 150
**solid** 150
**sour** 140
**sovereign** 151
**span** 151
**spanner** 151
**spare** 152
**speaker** 154
**spear** 152
**speck** 152
**spend** 153
**spendable** 152
**spender** 153
**spiel** 153
**spleen** 153
**spoor** 155
**spot** 154
**spotter** 153
**spring** 154
**spur** 155
**stab** 155
**stadium** 155
**stall** 155
**stapler** 156
**star** 156
**stark** 156
**start** 156
**station** 157
**stationary** 157
**stationery** 157
**steer** 158
**stem** 157
**step** 157
**stick** (Subst.) 158
**stick** (V.) 158
**sticky** 158
**stile** 159
**stipend** 159
**stitch** 158

**stock** 159
**stool** 160
**stream** 160
**strong** 159
**study** 160
**swank** 145
**swarm** 145
**swim** 145
**swindle** 145
**swing** 145
**synchronize** 160

**tablet** 161
**tact** 161
**tariff** 161
**tart** 166
**taste** (Subst.) 161
**taste** (V.) 162
**tatters** 162
**tatty** 162
**technique** 162
**teller** 163
**temperamental** 163
**tempo** 163
**tendency** 164
**terminus** 164
**testament** 164
**textbook** 164
**theme** 164
**thesis** 164
**thick** 38
**tick** 165
**tile** (Subst.) 162
**tile** (V.) 163
**tint** 163
**tip** (Subst.) 165
**tip** (V.) 165
**toll** 165
**tone** 166
**top** 166
**tort** 166
**tour de force** 167
**tract** 167
**tramp** 167
***tramper** 167
**transparency** 167
**transparent** 167
**transpire** 168
**treasure** 168
**trouble** 168
**true** 168
**turn** 169
***twen** 169

**u(e)ber** 170
**underarm** 173
**undergo** 173
**underlie** 173
**undertake** 173
**undertaker** 174
**undertaking** 174
**underwrite** 174
**urn** 175
**ventilator** 176
**verse** 177
**vest** 182
**virtuous** 176
**visit** 177
**vocal** 177

**wake** 179
**wall** 179
**wand** 179
**wander** 179
**wank** 180
**ware** 180
**warehouse** 180
**water** 180
**well** 181
**west** 182
**wharf** 182
**while** 181
**whine** 181
**white** 181
**wide** 181
**wine** 181
**wink** (Subst.) 182
**wink** (V.) 182
**wish** 183
**wit** 183
**wonder** (Subst.) 183
**wonder** (V.) 183
**work** 182
**workroom** 17